推普脱贫攻坚专用系列教材

# 傈僳语对照版
# 最简实用普通话

## 100句

杨亦鸣　　刘朋建　　◆　　主编

社会科学文献出版社
SOCIAL SCIENCES ACADEMIC PRESS (CHINA)

**主　　编**　杨亦鸣　刘朋建

**执行主编**　刘　涛　王仁法

**副 主 编**　梁琳琳　刘俊飞

**参编人员**（按音序排列）

　　　　阿布力米提·吾其曼（维吾尔族）　曹云龙　褚丹娜

　　　　次旺边觉（藏族）　丁　元　古敬恒　海来有所（彝族）　郝　晟

　　　　和丽昆（纳西族）　胡石玉（傈僳族）　胡彦超　江　荻　雷申申

　　　　李　芳　陆天桥（壮族）　孙政辉　王　彭　王一宁　韦羊林

　　　　薛紫炫　杨　群　杨通银（侗族）　闫晓民　余　珩　岳　阳

　　　　张海松　赵　特　周厚宇

**审　　校**（按音序排列）

　　　　崔希亮　戴庆厦　李　翔（傈僳族）　刘　利　木仕华（纳西族）

　　　　曲木铁西（彝族）　孙宏开　玉素甫·艾白都拉（维吾尔族）

　　　　扎巴军乃（藏族）

**指导单位**

　　　　教育部语言文字应用管理司

**基金支持**

　　　　国家社科基金重大委托项目"'推普脱贫攻坚'理论研究和数据库
建设"（20@ZH007）

　　　　首批国家语言文字推广基地重大项目"国家语言能力与国民语言
能力提升研究"

　　　　国家语委重大项目"语言文字能力建设与文化强国的关系研究"

# 前　言

## 一

  中华民族脱贫攻坚战已经到了决战决胜的关键时期，要继续坚持精准扶贫精准脱贫的基本方略，其中教育扶贫是最根本的精准扶贫。深度贫困地区因不具备普通话基本交流能力而造成的贫困问题是教育扶贫中最难啃的"硬骨头"之一。2017年6月23日，习近平总书记在主持召开深度贫困地区脱贫攻坚座谈会时指出，在社会发育程度低、长期封闭的深度贫困地区，存在很多人"不学汉语、不识汉字、不懂普通话"的现象，由于不具备基本的普通话交流能力，使得即使有打工意愿和能力的贫困青壮年劳动力也无法在家乡以外的地区与人沟通交流，也就难以通过外出就业摆脱贫困。2018年1月，教育部、国务院扶贫办、国家语委联合印发《推普脱贫攻坚行动计划（2018-2020年）》，其"目标定位"明确指出，"到2020年，贫困家庭新增劳动力人口应全部具有国家通用语言文字沟通交流和应用能力，现有贫困地区青壮年劳动力具备基本的普通话交流能力"，通过"推普"对这块最难啃的"硬骨头"发起了攻坚战。但"推普脱贫攻坚"并不简单地等同于在贫困地区"推普"，"推普"包括在贫困地区"推普"都属于国家语言文字普及推广的常规工作，根据教育部和国家语委2017年3月印发的《国家通用语言文字普及攻坚工程实施方案》的任务要求，到2020年西部特殊困难县域普通话普及率不低于50%；其"推普"对象包括贫困地区所有普通话水平未达标的群众。而"推普脱贫攻坚"则是聚焦深度贫困地区因不懂普通话而难以外出务工的贫困青壮年劳动力，特别是完全不懂汉语而又需要到发达地区通过务工来脱贫的三区三州少数民族适龄青壮年劳动力，这是必须在2020年完成的一项精准扶贫攻坚工作。

为了完成时代赋予的这一任务，江苏师范大学国家语委语言能力高等研究院自2018年以来对"推普脱贫攻坚"的缘由、性质、任务、路径和意义等问题进行深入的理论研究，同时组织大学生志愿者开展实地调研，深入19个国家级贫困县126个深度贫困村入户调查适龄贫困青壮年劳动力的语言文字掌握情况，发现在三区三州极度贫困偏远山区的民族聚居区，大约还有18万少数民族贫困青壮年不懂汉语、不识汉字，影响了他们到发达地区打工谋生，属于真正需要推普脱贫"攻坚"的对象。对于此类人群的"推普"，本质上是一种针对汉语零基础且本身是文盲者的第二语言教学。不同于汉语母语者，他们学习汉语普通话是习得其母语之外的第二语言，需要进行普通话和民族语言双语教学；他们也不同于通常的二语学习者，后者一定程度上掌握了本民族的书面语，通过长期学习，可以系统掌握第二语言的语音、词汇、语法、文字等，而这些少数民族青壮年不仅不会汉语、不识汉字，没有文化，而且很多都是连本民族语言的文字也不认识的纯文盲，为了"脱贫"，亟须短期内掌握能够到发达地区务工求职或易地搬迁生活所需的普通话基本交流能力。为此，我们按照精准扶贫的原则，为不懂汉语、不识汉字的适龄贫困青壮年编写了这套《推普脱贫攻坚专用系列教材——少数民族语言对照版最简实用普通话100句》，做为"推普脱贫攻坚"速成学习的专用教材。

## 二

《推普脱贫攻坚专用系列教材——少数民族语言对照版最简实用普通话100句》共五册，分别面向彝族、傈僳族、维吾尔族、藏族和纳西族这五个还存在相当数量不懂汉语、不识汉字的少数民族的贫困青壮年学习者。根据我们一线调研分析，以及组织大学生志愿者教学过程中的教学经验，这些少数民族青壮年每年的农闲时间或各种节假日，可以有一个月左右的时间用于普通话学习，所以本教材适用于一个月（也可以一周为一个时间单元，分四个单元）教授完成。教材在内容上选取了自我介绍、问路、购票、住宿、找工作等20个外出务工最亟须的语言场景，每个语言场景为一课，共20课。每课包括"核心句型""对话""拓展词汇"三个固定板块。"核心句型"每课5个，为该语言场景中最基本常用的普通话基本用语；"对话"基于语言场景和核心句型设计，句子贴合偏远贫困山区青壮年的身份特征和在发达地区务工实际所需的生活经验；"拓展词汇"为可以在核心句型和对话中替换使用的常用词语。每册教材中还附有"汉语拼音""词汇集""正字法"等板块，便于学习对象掌握汉语拼音、常用基本词汇，以及汉字的基本笔画、偏旁、笔顺、结构等正字法知识。

针对学习对象是汉语零基础的少数民族贫困青壮年文盲，以及短期内掌握外出打工谋生所需的普通话基本交流能力的实际需求，本套教材在编写上具备以下三个特点。

一是少数民族语言与汉语对照。教材中的汉语内容全部配有对应的少数民族语言文字，既有助于掌握当地民族语言的教学人员准确讲解教学内容，也有助于学习对象更快更好地学会普通话。

二是简单易学。语言材料以高频词语、简单而常用的句式和简短的情境对话为主；将核心句型置于对话中，在实际外出务工语言场景中学会运用核心句型，同时通过将拓展词汇代入核心句型的学习，实现举一反三的句型训练效果；将《汉语拼音方案》中的声母和韵母分散安排到各课之中，每课只学习部分相关的内容，通过词汇和句型反复重现这些声母、韵母，从而降低汉语拼音的学习难度。

三是循序渐进。在课程安排上，从"日常礼貌用语""自我介绍"等最基本的内容，逐渐过渡到"求职""面试""看病买药""办理银行业务"等较为复杂的打工及相关的社会生活内容。在每课的学习上，先学基本核心句型，再通过拓展词汇丰富核心句型变化，掌握更多的句子，最后通过对话场景来操练核心句型的运用。在教材的整体编排上，先通过常用句型和词汇的教学使学习者掌握普通话初步的交际应用能力以激发其学习兴趣，并通过句型和词汇的初步学习接触汉语拼音的声母、韵母和声调，在此基础上，分9课完成汉语拼音方案的学习，从第10课起安排汉字的笔画、偏旁、笔顺、结构等正字法知识的内容，为识认汉字打下基础。

# 三

根据调研和试点教学情况，使用本套教材需要有合适的教学方法和学习方法。首先在教学方面，由于很难在短期内培训出有少数民族语言能力的任教者，所以我们采用了"协同教学"的方法，即选配会当地民族语言的志愿者协助普通话教学志愿者教学，同步翻译教学内容；相应地在学习方面，采用了"同伴学习"的方法，即征集略会普通话或者略会当地民族语言、认识一些汉字的群众陪伴不懂汉语的少数民族青壮年学习，同步翻译学习内容，确保学习对象能够真正听懂所学的内容。

此外，汉语拼音的学习在普通话教学中非常重要，是进一步自我学习普通话的基础，对不会汉语汉字的少数民族贫困青壮年而言，集中学习《汉语拼音方案》难度大，也很枯燥，所以我们采用"语流中学拼音"的教学方法，即每课结合词汇和句型的学习有重点地了解和掌握几个汉语拼音声母和韵母及其拼读规则。核心句型的学习则采用"场景中学句型"的方法，即在相关外出务工语言场景中学习和反复操练，从而确保普通话基本交流能力"短期速成"。

我们在三区三州部分深度贫困村试用上述"协同教学"和"同伴学习"及"语流中学拼音""场景中学句型"等教学方法，原本不会普通话的少数民族青壮年经过一周的双语普通话学习，就能够模仿外出工作和基本生活场景的普通话基本用语，一个月左右即可具有在发达地区生活所需的普通话基本交流能力。

这套《推普脱贫攻坚专用系列教材——少数民族语言对照版最简实用普通话 100 句》还可用于"推普脱贫攻坚"对象普通话基本交流能力的的评估验收工作。由于评估验收对象是汉语零基础及有外出打工谋生需求者，所以评估验收应以掌握外出务工生活所需的最基本生存和生活用语为合格标准。具体原则为，在语音上，以建立能区别意义的音位为标准，尽量要求发音准确，但不在听音辨音上花太多时间追求音值和连续语流在韵律方面抑扬顿挫的完全精准。在实际应用上，以能够基本听懂和会说这 100 句中的核心句型为标准，不过分追求讲解和辨析构成句子的词法和句法的有关理论。在教材规定的语言场景中，当他人开启话题时，被测试人能听懂，并能运用场景中的核心句型回答问题，延续、完成 2～3 个话轮的对话；同时被测试人也能使用普通话运用核心句型主动开启话题，并延续、完成 2～3 个话轮的对话。

在初步完成"攻坚"任务之后，对原"推普脱贫攻坚"对象的"推普"要与国家推广普通话的常规工作有效衔接，可以用更长的时间较为系统地学习更丰富的与打工和生活相关的语言场景、普通话常用词汇和核心句型，还要进一步学会汉字，能够使用汉语书面语，最终真正掌握国家通用语言文字。

## 四

本套教材的编写工作得到了教育部和国家语委有关部门的指导和关心，教育部语言文字应用管理司和语言文字应用研究所给予了具体的支持和帮助，在贫困地区实地调研和试点教学过程也得到了地方基层部门的积极协助，使我们能够克服时间紧、任务重的困难，顺利完成这部教材的编写和出版，在此表示衷心的感谢。本套教材试用本在深度贫困民族地区几轮试用的过程中，北京语言大学、中央民族大学、江苏师范大学、云南民族大学、新疆师范大学、教育部语言文字应用研究所、中国社会科学院民族学与人类学研究所、中央民族语文翻译局的专家学者对试用本提出了宝贵的完善意见；江苏师范大学语言科学与艺术学院的部分老师和学生志愿者也对教材的研讨、编写等工作做出了贡献，这里也深表谢意。还要感谢社会科学文献出版社，对教材的审校和出版投入了很大的精力，保证了教材出版的快速和高质量。

本教材的研究、编写和出版还得到了国家社科基金重大委托项目"'推普脱贫攻坚'理论研究和数据库建设"、首批国家语言文字推广基地重大项目"国家语言能力与国民语言能力提升研究"、国家语委重大项目"语言文字能力建设与文化强国的关系研究"的资助，在此一并致谢。

# 目 录 HW.. DU..
## MùLù

# 目录 HW.. DU..
## MùLù

# 目录 HW.. DU..
## MùLù

# 目录 HW.. DU..
## MùLù

# 1 RìCháng LǐMào YòngYǔ
# 日常 礼貌 用语
## E.FI.E.LI.,Bꓯ.,ꓘꓶ:

## Héxīn Jùxíng
## 核心 句型 Bꓯ.,ꓘꓶ:NI,M..

Nín hǎo!
1. 您 好!
HW. HW.=

Zǎoshang hǎo.
2. 早上 好。
Nꓯ; FI. KW., HW. HW.=

Hěn gāoxìng rènshi nín!
3. 很 高兴 认识 您!
NU., Tꓯ., Sꓷ. LE.. N: A: ꓘꓶ. K, ꓛꓵ: O..!

Zuìjìn zěnmeyàng?
4. 最近 怎么样 ?
ꓕꓱ.. ꓕI: Jꓵ, M.. A., LI.. T. Bꓭ.,?

Zàijiàn!
5. 再见 !
HW. HW.=

## Duìhuà
## 对话 Bꓯ.,TO,ꓘꓶ:

Dì-yī cì jiàn, dǎzhāohu
第一 次 见, 打招呼
ꓒ.,VU.ꓕI:ꓘO,MO..ꓶꓯ;KO.,SI.X.ꓕꓱ,ꓶꓯ:KO.,

Āpǔ: Nín hǎo, hěn gāoxìng rènshi nín!
阿普: 您 好, 很 高兴 认识 您!
A.ꓒU., : HW. HW.-. NU., Tꓯ., Sꓷ. LE.. N: A: ꓘꓶ. K, ꓛꓵ: O..!

Zhào Míng：Nín hǎo, wǒ yě shì.

赵 明： 您好，我也是。

ZAO,-MI: HW. HW.-.ΛW., GꞀ.. NI., Λ., O..=

Liáo le yíhuìr zhīhòu

聊 了 一会儿 之后

ꞀI:B,X.ꓕꓱ,GU..ꓕᴧ:

Āpǔ：Wǒ hái yǒu shì, xiān zǒu le . Zàijiàn!

阿普：我 还 有 事， 先 走 了。 再见！

A.ᏧU., : ΛW., Xᑌ: WU., JW, SE:-.ΛW., HꞀ. ꓕᴧ; JE. O.,-.HW. HW.!

Zhào Míng：Zàijiàn!

赵 明： 再见！

ZAO,-MI: HW. HW.=

Péngyǒu jiànmiàn, dǎzhāohu
## 朋友 见面，打招呼
ꈌꀨ ꄹꆈ ꇁꌦ ꀜ꒵ ꊈ ꌦ ꋌ ꉡꆹ

Āpǔ：Zǎoshang hǎo.
阿普：早上 好。

A.dU., : NꓥA; FI. KW.. HW. HW.=

Zhào Míng：Zǎoshang hǎo.
赵明： 早上 好。

ZAO,-MI: NꓥA; FI. KW., HW. HW.=

Āpǔ：Zuìjìn zěnmeyàng?
阿普：最近 怎么样？

A.dU., : ꄹ. ꒒꒐: Jꓵ, M.. A., LI.. T. Bꓭ.,?

Zhào Míng：Tǐng hǎo de.
赵明： 挺 好 的。

ZAO,-MI: S., S, T. LꓥA;=

## 拓展 词汇 Bꓥ..ꀭꓹꓪUꓽZꓲ.,
Tuòzhǎn Cíhuì

| 1. wǒ | 我 | ꓥW., |
| 2. nǐ | 你 | NU., |
| 3. tā | 他 | E. |
| 4. tā | 她 | E. |
| 5. wǒmen | 我们 | RO: |
| 6. nǐmen | 你们 | NU.,W: |
| 7. tāmen | 他们 | E.W: |
| 8. tāmen | 她们 | E.W: |
| 9. shàngwǔ | 上午 | NꓥA; W.. |

| 10. xiàwǔ | 下午 | MU; L., |
| 11. zhōngwǔ | 中午 | MO; LO., |
| 12. wǎnshang | 晚上 | S.,ʞW.. |

b p m f d t n l

a o e

# 2

## 自我 介绍

CI.ƆY: B∀..M.GꞀ:

### 核心 句型 B∀.,Ʀ:NI,M..

Wǒ jiào Āpǔ .

1. 我 叫 阿普。
∧W., MI., A. dU.,

Wǒ jīnnián sānshí suì .

2. 我 今年 三十 岁。
∧W., ꞀF., NI, S.. ꓱF., ꓘO;

Wǒ huì shuō Pǔtōnghuà .

3. 我 会 说 普通话。
∧W., dU.. ꓕO. ∧U; ꓱꓕ, KU.=

Wǒ shì Yúnnán Nùjiāng rén .

4. 我 是 云南 怒江 人。
∧W., Yꓱ;-N; NU.-MI: SU., ∧..=

Wǒ xǐhuān pǎobù .

5. 我 喜欢 跑步。
∧W., TꞀ, L∀: ꓘO.. M.. NI, Xꓵ.,=

### 对话 B∀.,ꓕO,Ʀ:

Lǐ Xiǎomíng：Nín hǎo , hěn gāoxìng rènshi nín .
李 小明：您 好，很 高兴 认识 您。
LI.,-XY..-MI: HW. HW.- NU., ꓔ∀., Sꓷ. LE.. N: A; ꓘꞀ. K, ꓳꓵ: O.=

Āpǔ：Nín hǎo , wǒ jiào Āpǔ , hěn gāoxìng rènshi nín . Wǒ huì shuō
阿普：您 好，我 叫 阿普，很 高兴 认识 您。我 会 说

yìdiǎnr Pǔtōnghuà.
一点儿 普通话。

A. dU., : ʌW., MI. A. dU.,-. NU., Tʌ. Sꓶ. Lꓢ. Nʌ., A: ꓘꓶ. K, ꓡꓵ.= ʌW., dU.. ꓕO.

ʌU; A. Tʌ. ꓣꓱ., KU. ʌ=

Lǐ  Xiǎomíng : Nǐ shì nǎli rén?
李   小明 : 你 是 哪里 人？

LI.,-XY..-MI: NU., A., KW., NY, SU., ʌ?

Āpǔ : wǒ shì Yúnnán Nùjiāngzhōu Fúgòngxiàn rén, wǒ shì Lìsù zú rén.
阿普：我 是 云南   怒江州   福贡县 人，我 是 傈僳族人。

A.dU., :ʌW., N: NU.-MI: ꓡꓴ:-KO, XY, SU., ʌ.,-. ʌW., NY., LI-SU -Xꓵ.=

Lǐ  Xiǎomíng : Nǐ jīnnián duō dà le ?
李   小明 : 你 今年 多 大 了？

LI.,-XY..-MI: NU., ꓕF., NI, A., MY., ꓘO; ʌ?

Āpǔ : Wǒ jīnnián sānshí suì.
阿普：我 今年 三十 岁。

; ꓘO., ꓕF. .S.. ꓕF., NI, S.. ꓕF., ʌW., : A. dU., A.

Lǐ Xiǎomíng: Nǐ píngshí xǐhuān zuò shénme?

李 小明 : 你 平时 喜欢 做 什么?

LI.,-XY..-MI: NU., A. XN: YI., K, Ɔn: ʌ?

Āpǔ: Wǒ xǐhuān zuòfàn hé pǎobù.

阿普: 我 喜欢 做饭 和 跑步。

=ʌ A. dU., : ʌW., Z; J. SI. Tˀ, Lʌ: ꓘO: M.. Tʌ., K, Ɔn: ʌ=

| | | |
|---|---|---|
| 1. chànggē | 唱歌 | MU: GW: GW., |
| 2. tiàowǔ | 跳舞 | W., ꓘI, ꓘI, |
| 3. kàn diànshì | 看 电视 | Dʌ, Xn, NI.. |
| 4. yùndòng | 运动 | Dˀ, |
| 5. liáotiān | 聊天 | X. ꓤE., Lʌ: ꓘO., |
| 6. Fúgòngxiàn | 福贡县 | ꓥU:-KO, XY, |
| 7. Lánpíngxiàn | 兰坪县 | W:-B., XY, |
| 8. Gòngshānxiàn | 贡山县 | KO,-S. XY, |
| 9. Liùkùzhèn | 六库镇 | LU:-KU, Fˀ, |
| 10. Lúshuǐshì | 泸水市 | LU:-Sꓤ Xn, |

g    k    h    j    q    x

i    u    ü

## CíHuì Jí
## 词汇 集 ,.Ɛꓭ:ꓘ꓾.,ᗄꓭ
,.Ɛꓭ:ꓘ꓾.,ᗄꓭ

### Bùfen Mínzú
### 部分 民族
### ꓇0.,Xꓵ:

| | | | |
|---|---|---|---|
| Báizú<br>白族<br>L:-ꓭꓶ:-Xꓵ: | Bùyīzú<br>布依族<br>PU,-YI.-Xꓵ: | Dǎizú<br>傣族<br>Tᗄ.,-Xꓵ: | Dōngxiāngzú<br>东乡族<br>TO.-X.-Xꓵ: |
| Hānízú<br>哈尼族<br>H.-NI;-Xꓵ-H | Hāsàkèzú<br>哈萨克族<br>H.-S.-Dꓘ:-Xꓵ-H | Huízú<br>回族<br>HUI;-Xꓵ: | Jǐngpōzú<br>景颇族<br>Cꓒ.,-ꓒO.-Xꓵ-Cꓒ |
| Lìsùzú<br>傈僳族<br>LI-SU-Xꓵ: | Miáozú<br>苗族<br>MIAO;-Xꓵ: | Nàxīzú<br>纳西族<br>LO.,-Mꓸ:-Xꓵ: | Qiāngzú<br>羌族<br>ꓳ.-ꓚ-Xꓵ: |
| Tǔjiāzú<br>土家族<br>ꓕU.,-ꓚ-.Xꓵ-ꓕ | Wǎzú<br>佤族<br>W.,-Xꓵ: | Wéiwú'ěrzú<br>维吾尔族<br>WE;-Xꓵ: | Yáozú<br>瑶族<br>YAO;-Xꓵ: |
| Yízú<br>彝族<br>L,-LO.,-Xꓵ: | Zàngzú<br>藏族<br>G,-ZU.,-Xꓵ: | Zhuàngzú<br>壮族<br>CꓵW,-Xꓵ: | |

## Shēngxiāo
## 生肖
## E.ꓘO;

| | | | |
|---|---|---|---|
| shǔ<br>鼠<br>**Vꓯ,** | niú<br>牛<br>**A.NI:** | hǔ<br>虎<br>**L:** | tù<br>兔<br>**ꓕO;L.,** |
| lóng<br>龙<br>**LU:** | shé<br>蛇<br>**ꓩU.,** | mǎ<br>马<br>**A.MO:** | yáng<br>羊<br>**YO.,** |
| hóu<br>猴<br>**MI;** | jī<br>鸡<br>**A.B.** | gǒu<br>狗<br>**ꓘꓶ:** | zhū<br>猪<br>**Vꓯ;** |

## Shùcí
## 数词
## A..MY.,Bꓯ.,ZO,

| | | | |
|---|---|---|---|
| líng<br>零（0）<br>**LI:** | yī<br>一（1）<br>**ꓕI:** | èr<br>二（2）<br>**NI:** | sān<br>三（3）<br>**S.,** |
| sì<br>四（4）<br>**LI.,** | wǔ<br>五（5）<br>**ꓥW.,** | liù<br>六（6）<br>**ꓛO;** | qī<br>七（7）<br>**Xꓵ:** |
| bā<br>八（8）<br>**VI;** | jiǔ<br>九（9）<br>**ꓘU.** | shí<br>十（10）<br>**ꓝI.,** | bǎi<br>百<br>**VY.,** |
| qiān<br>千<br>**TU.** | wàn<br>万<br>**Mꓶ;** | yì<br>亿<br>**Sꓯ,** | |

# 3

## Dǎ DiànHuà
## 打　电话
### J:DU..D⅂:

1. Wèi, nín hǎo!
   喂, 您 好!
   WE..-. HW. HW.!

2. Qǐng wèn, shì Lǐ Xiǎomíng ma?
   请 问, 是 李 小 明 吗?
   NU., LI.,-XY..-MI: M: ∧.,?

3. Qǐng wèn, nín shì nǎwèi?
   请 问, 您 是 哪位?
   NU., A.. M∧.. ∧.,?

4. Wǒ méi tīng qīng, nín néng zài shuō yí biàn ma?
   我 没 听 清, 您 能 再 说 一 遍 吗?
   ∧W., JI.. JI.. N.. N, M: W-. NU., F∧, ⅂I: H⅂. B∧., SE:?

5. Nín dǎ cuò le.
   您 打 错 了。
   NU., D⅂: ∧U: YI.. O=

### Duìhuà
### 对话 B∧.,TO,K⅂:

Bō cuò diànhuà
拨错 电话
J:DU..D⅂:∧U:W

Āpǔ : Wèi, nín hǎo! Qǐng wèn, shì Lǐ Xiǎomíng ma?
阿普: 喂, 您 好! 请 问, 是 李 小 明 吗?

A.dU., : WE..-. HW. HW.! NU., LI.,-XY..-MI: M: ∧.,?

Mòshēng hàomǎ: Nín dǎ cuò le .
陌生　号码：您打错了。
M: Sɑ. N.. B: NU., Dꞁ: ΛU: YI.. O=

Āpǔ　: Bùhǎoyìsi !
阿普：不好意思！
A.dU., : M: ZO: W..=

Zàicì dǎ diànhuà
再次 打　电话
FΛ,ꞁI:Hꞁ.J:DU..Dꞁ.

Āpǔ　: Wèi，shì Xiǎolǐ ma?
阿普：喂，是 小李 吗？
A.dU., : WE..-. XO..-LI.. M: Λ.,?

Lǐ Xiǎomíng: Shìde，nín shì nǎwèi?
李　小明　：是的，您 是 哪位？
ꞁI.,-XY..-MI: ΛO-. NU., A: M., Λ.,?

Āpǔ　: Wǒ shì Āpǔ .
阿普：我 是 阿普。
A.dU.,:ΛW., A.dU., ..Λ=

Lǐ Xiǎomíng: Āpǔ, zhǎo wǒ yǒu shénme shì ma?
李 小明 ：阿普， 找 我 有 什么 事 吗？

LI.,-XY..-MI:A.dU., : NU., A. XՈ: YI.. BⱯ.,?

Āpǔ: Nǐ nàr yǒu Zhào Jīnglǐ de hàomǎ ma?
阿普：你 那儿 有 赵 经理 的 号码 吗？

A.dU., : NU. ZAO,-CI.-LI.. TⱯ. N.. B: JW, LⱯ.,?

Lǐ Xiǎomíng: Yǒude, yī sān jiǔ wǔ yī sì liù sì sì qī wǔ.
李 小明 ：有的，1 3 9 5 1 4 6 4 4 7 5。

LI.,-XY..-MI: JW, Ʌ.,-.⊥I: S.. KU. ⱯW: ⊥I: LI., ƆO: LI., LI., XՈ:

Āpǔ: Wǒ méi tīng qīng, nǐ néng zài shuō yí biàn ma?
阿普：我 没 听 清，你 能 再 说 一 遍 吗？

A.dU., : ⱯW., JI.. JI.. N.. N, M: W-. NU., FⱯ, ⊥I: H⅂. BⱯ., SE:?

Lǐ Xiǎomíng: Hǎo de, yī sān jiǔ wǔ yī sì liù sì sì qī wǔ.
李 小明 ：好 的，1 3 9 5 1 4 6 4 4 7 5。

LI.,-XY..-MI: Ʌ.,-.⊥I: S.. KU. ⱯW: ⊥I: LI., ƆO: LI., LI., XՈ:

## Tuòzhǎn Cíhuì
## 拓展 词汇 BⱯ..ʞ⅂:WU:ZI.,

| | | |
|---|---|---|
| 1. wùyè | 物业 | E.MI:E.XՈ: |
| 2. shuǐwùjú | 水务局 | YI., JY., GW: T⅂. |
| 3. gōng'ānjú | 公安局 | Ɔ.. ME: GW: T⅂. |
| 4. pàichūsuǒ | 派出所 | ⱭⱯ,⅃U:SO.. |
| 5. fúwùzhàn | 服务站 | O:H⅂.N:T⅂. |
| 6. duǎnxìn | 短信 | LⱯ:XU., |
| 7. liúyán | 留言 | LⱯ:XU.,Ɔ, |
| 8. yǔyīn | 语音 | X.⊥∃.,SⱯ; |
| 9. xiāoxī | 消息 | LⱯ:XU., |

z  c  s  zh  ch  sh  r

## CíHuì Jí
# 词汇集

### Chángjiàn Xìngshì
## 常见　姓氏

| | | | |
|---|---|---|---|
| Wáng<br>王 | Lǐ<br>李 | Zhāng<br>张 | Liú<br>刘 |
| Chén<br>陈 | Yáng<br>杨 | Huáng<br>黄 | Zhào<br>赵 |
| Wú<br>吴 | Zhōu<br>周 | Xú<br>徐 | Sūn<br>孙 |
| Mǎ<br>马 | Zhū<br>朱 | Hú<br>胡 | Guō<br>郭 |

# 4 Wèn Lù
# 问 路
## J.,GU.,N..NYI.,

Qǐng wèn, huǒchēzhàn zěnme zǒu?
1. 请 问, 火车站 怎么 走?
MA, ⊥. Fʇ: Tʇ. KW., A.. LI.. JE., ∧.,?

Qǐng wèn, fùjìn yǒu huǒchēzhàn ma?
2. 请 问,附近 有 火车站 吗?
d., ⊥ll.. KW., MA, ⊥. Fʇ: Tʇ. JW, LA.?

Lí zhèlǐ yǒu duō yuǎn?
3. 离 这 里 有 多 远?
⊥l.. KW., GO. BO., A.. LI.. ʇ., ∧.,?

Qǐng wèn, dào huǒchēzhàn yào duō cháng shíjiān?
4. 请 问, 到 火车站 要多 长 时间?
MA, ⊥. Fʇ: Tʇ. KW., A.. LI.. Mʇ., ⊥: Ɔl., ∧.,?

Qǐng wèn, qù huǒchēzhàn zuò jǐ lù gōngjiāochē?
5. 请 问, 去 火车站 坐 几路 公交车?
MA, ⊥. Fʇ: Tʇ. KW., JE., ⊥: ɟO., GO., MO.. DO., M.. A.. LI..
JƎ, M.. NY, ∧.,?

Qù huǒchēzhàn
去 火车站
MA,⊥.,Fʇ:Dʇ.KW.,Jl.,

Āpǔ : Qǐng wèn, huǒchēzhàn zěnme zǒu?
阿普: 请 问, 火车站 怎么 走?
A.dU., : MA, ⊥. Fʇ: Tʇ. KW., A.. LI.. JE., ∧.,?

Lùrén: Sānlù chē kěyǐ zhídá.
路人：三路 车 可以 直达。

J., JƎ, ZI., SU.,S., JƎ, M., JI., D., ƆI.. ∧O.,=

Āpǔ: Duō jiǔ néng dào?
阿普：多 久 能 到？

A.dU., :A.. LI.. Mꓶ., ꓕ: ƆI.. D.,?

Lùrén: Dàyuē èrshí fēnzhōng.
路人：大约 二十 分钟。

J., JƎ, ZI., SU., A: L.. NYI: ꓱI.. Hꓶ.,=

Āpǔ: Qǐng wèn, fùjìn yǒu gōngjiāozhàn ma?
阿普：请 问， 附近 有 公交站 吗？

A.dU., :d., ꓶI.. KW., M∀, ꓕ. Fꓶ: Tꓶ. JW., M: JW,?

Lùrén: Yìzhí wǎng qián zǒu, dì-sān gè hónglǜdēng lùkǒu zuǒ zhuǎn jiùshì.
路人：一直 往 前 走，第三 个 红绿灯 路口 左 转 就是。

J., JƎ, ZI., SU., Mꓶ. JY: ꓶI: ꓶꓶ, KI.,-. JY., KU., S., H, M.. ꓕ: L∀; ꓶ. ꓶI: CƎ:

∧O.,=

Āpǔ: Hǎo de, xièxie.
阿普：好 的，谢谢。

A.dU., :∧: LI..-. X. MO.,=

Qù yínháng
## 去 银行
dU.,RU.,dU.,N:Tꓶ.

Āpǔ: Qǐng wèn, qù Zhōngguó Yínháng zuò jǐ lù chē?
阿普：请 问， 去 中国 银行 坐 几 路车？

A.dU., :FO.-GUɑ; dU., RU., dU., N: Tꓶ. KW., A.. LI.. JƎ, MO.. DO., M.. Fꓶ: ∧.,?

Lùrén: Shíyī lù kěyǐ dào.
路人：十一 路 可以 到。

J., JƎ, ZI., SU.,ꓱI., ꓶI: JƎ, M.. ƆI., D., ∧.,=

Āpǔ: Yuǎn ma?
阿普：远 吗？

A.dU., :ꓶ: L∀.?

Lùrén：Wǔzhàn jiù dào le .
路人：五站 就 到 了。

J., JƎ, ZI., SU.,ΛW: F, ⊥: ƆI., O.,=

Tuòzhǎn Cíhuì
拓展 词汇 BΑ..ⴿ⅂:WU:ƵI.,

1. yóujú      邮局      ⅃O:⅂:V.,⊤⅂.

2. bīnguǎn      宾馆      O:H⅂..⅃H:⊤⅂.

3. cèsuǒ      厕所      SI:XY..BƎ..

4. jiǔdiàn      酒店      O:H⅂..⅃N:VI.,D:M.,

5. shāngdiàn      商店      E. ⅂., WU., ⊤⅂.

6. qìchēzhàn      汽车站      MO..DO.,F⅂:D⅂.

7. chāoshì      超市      ⅂., Я: WU., ⊤⅂. D: M.,

| | | |
|---|---|---|
| 8. dōng | 东 | Bㄱ..DO.,Kㄱ: |
| 9. xī | 西 | Bㄱ..DՈ.,Kㄱ: |
| 10. nán | 南 | KO.,Mㄱ.Kㄱ: |
| 11. běi | 北 | KO.,Kㄱ:.Kㄱ: |
| 12. yòu | 右 | L∀;ꓘW: |
| 13. shàng | 上 | D∀:S∀., |
| 14. xià | 下 | N∀.KW., |
| 15. hòu | 后 | K.NY. |
| 16. dàbāchē | 大巴车 | ꓒOW.,GO..MO.. |
| | | DO.,D:M |
| 17. dìtiě | 地铁 | LU:ꓘU.. |
| 18. pángbiān | 旁边 | ꓒ..⊥Y., |
| 19. gébì | 隔壁 | ꓒ..⊥Y., |
| 20. fùjìn | 附近 | ꓒ..⊥Y., |
| 21. qiánmiàn | 前面 | .Mㄱ.⊥∀: |
| 22. hòumiàn | 后面 | K. S., |
| 23. bèimiàn | 背面 | K. S., ⊥I: ꓒO, |
| 24. duìmiàn | 对面 | LU., LU, ⊥I: ꓒO, |

ia    an    ian    ie    uei

ang

## CíHuì Jí
## 词汇 集 BA.,ХП:ВЭ.,

### Jiāotōng Gōngjù
### 交通　工具
### MO..DO.,FⅠ:DU..

| | | | |
|---|---|---|---|
| zìxíngchē<br>自行车<br>HO,ƆY.,LA., | diàndòngchē<br>电动车<br>DE,DO,ꟻA., | mótuōchē<br>摩托车<br>MO:ΤO:MO..DO., | gōnggòng qìchē<br>公共汽车<br>ꟻO.,GO..MO..DO.,D:M |
| kèchē<br>客车<br>ꟻO.,GO..MO..DO., | qìchē<br>汽车<br>MO..DO., | dìtiě<br>地铁<br>LU:КU.. | huǒchē<br>火车<br>MA,Ⅰ. |
| gāotiě<br>高铁<br>LU: КU.. | chuán<br>船<br>LI., | fēijī<br>飞机<br>BI.,VI., | chūzūchē<br>出租车<br>ꟻO.,GO..MO..DO., |

1. Wǒ mǎi liǎng zhāng dào Běijīng de huǒchēpiào.
   我 买 两 张 到 北京 的 火车票。
   ∧W., NY., PE:-CI., KW.. JE., DU., E d∀, NYI: d∀, WU., ∧.,=

2. Yǒu jīntiān xiàwǔ dào Běijīng de huǒchē ma?
   有 今天 下午 到 北京 的 火车 吗？
   PE:-CI., KW.. GI., DU., M∀, ⊥. JW, L∀.?

3. Yǒu zhídá de ma?
   有 直达 的 吗？
   ⊥I: JW., ƆI.. M.. MO.. DO., JW, L∀.?

4. Wǒ xiǎng gǎiqiān dào míngtiān shàngwǔ.
   我 想 改签 到 明天 上午。
   ∧W., NY., X. K1.. N∀; N∀; M.. L1. DO; ∧.,=

5. Wǒ xiǎng bànlǐ tuìpiào.
   我 想 办理 退票。
   ∧W., E. d∀, ⊥I, L: X, DO; ∧.,=

## 对话 ʙᴀ.,ᴛᴏ,ᴋ˥:

Chuāngkǒu mǎi piào
### 窗口　买票
E.dI;KW.,dᴀ,WU..

（ yī ）
（ 一 ）
（ ⊥I: ）

Āpǔ : Wǒ mǎi liǎng zhāng dào Běijīng de huǒchēpiào.
阿普:我 买 两 张 到 北京 的 火车票。

ᴧ.dU., : ᴧW., NY., PE:-CI., KW.. JE, DU. E. dᴀ, NYI: dᴀ, WU., ᴧ.,=

Shòupiàoyuán: Wǎnshàng qī diǎn shí fēn de kuài bāyībā cì kěyǐ ma?
售票员:　晚上　七点 十 分 的　K818　次可以 吗?

dᴀ, WU: SU., :ᴍ˥: ᴋ˥: Xᴨ: Jᴨ, ꓝI, H˥., 818 H˥. ᴛᴀ. D.. ᴍ: D..?

Āpǔ : Kěyǐ , wǒ yào yìngzuò.
阿普:可以, 我 要　硬座。

A.dU., :D.. O.,-.ᴧW.,

NI.. D. ᴛ˥. ᴍ.. NYU.. ᴧ=

Shòupiàoyuán: Yígòng wǔbǎilíngèr yuán, qǐng chūshì yíxià shēnfènzhèng.
售票员：　一共　　502　元，请 出示 一下　身份证 。

ꃆꇬ, ꊈ: ꌠ., :ꑴ ꃆ, ꄮ: ꀋ: ꀽ: ꒉ: ꃚ: ꒜., ꑶ .:-ꇆꄷ. ꌠ. ꍈ, ꄏ, ꂷ.. ꇫ:

ꈌ: ꂾ. ꇶ.. ꆿ.=

Āpǔ : Hǎo de .
阿普：好　的。

ꀊ.ꅴ., :ꃅ.. ꒀ., ꅰ=

（èr）
（二）

（ꑌ: ）

Āpǔ : Yǒu jīntiān xiàwǔ dào Běijīng de huǒchē ma?
阿普：有 今天　下午　到　北京　的　火车 吗?

ꀊ.ꅴ., : ꀻ:-ꍝ., ꈌꅠ.. ꇯ., ꅰ, ꄮ. ꏽ, ꆿ.?

Shòupiàoyuán: Méiyǒu piào le .
售票员：　没有　 票　了。

ꃆꃰ, ꊈ: ꌠ., :ꃆꃰ, ꂵ: ꏽ, ꆂ=

Āpǔ : Míngtiān shàngwǔ de yǒu ma?
阿普：明天　　上午　的 有　吗?

ꀊ.ꅴ., :ꋺ, ꈐ.. ꂷ; ꄇ. ꏽ, ꃰꄉ?

Shòupiàoyuán: Yǒude .
售票员：　有的。

ꃆꃰ, ꊈ: ꌠ., :ꏽ, ꆂ=

Āpǔ : Yǒu zhídá de ma?
阿普：有　直达　的 吗?

ꀊ.ꅴ., :ꇫ: ꏽ, ꅵ.. ꂷ.. ꂾ.. ꅑ.. ꏽ, ꆿ.?

Shòupiàoyuán: Yǒude.
售票员：  有的。

**d∀, WU: SU., :JW, O=**

Chuāngkǒu gǎiqiān
窗口    改签

**E.dI:KW..E.d∀,L⅂.**

Āpǔ : Wǒ xiǎng gǎiqiān dào míngtiān shàngwǔ.
阿普：我  想   改签  到  明天   上午。

**A.dU., : ∧W., NY., X. K⅂.. N∀; N∀; M.. L⅂. DO; ∧.,=**

Shòupiàoyuán: Hǎo de.
售票员：  好  的。

**d∀, WU: SU., :∧.. Ɔ.,=**

Chuāngkǒu  tuìpiào
窗口    退票

**E.dI;KW..WU..LO;YI..**

Āpǔ : Wǒ xiǎng tuìpiào.
阿普：我  想   退票。

**A.dU., :∧W., NY., E. dA, ⅃I, L: DO; ∧.,=**

Shòupiàoyuán: Gěi wǒ nín de shēnfènzhèng hé chēpiào.
售票员：  给 我 您 的  身份证  和 车票。

**;∀⅃,:IF: I
NU.. MO.. DO., d∀, M.. SI. Sꓷ. ⌐E, ⌐⅃, BE.. dU.. NYI: ꓭI.,d∀;**

Āpǔ : Hǎo de .
阿普：好  的。

**A.dU., :∧=**

**拓展   词汇 B∀..⌐⅃:WU:ZI.,**

| | | |
|---|---|---|
| 1. gāotiěpiào | 高铁票 | **LU:KU..d∀,** |
| 2. qìchēpiào | 汽车票 | **MO..DO.,d∀,** |
| 3. dìtiěpiào | 地铁票 | **LU:KU..d∀,** |

| | | |
|---|---|---|
| 4. yìngwò | 硬卧 | TI, GU. |
| 5. ruǎnwò | 软卧 | NU: GU. |
| 6. ruǎnzuò | 软座 | NY,D.T٦. |
| 7. shàngpù | 上铺 | E.KW..E;D.T٦. |
| 8. xiàpù | 下铺 | E.JY..E;D.T٦. |
| 9. zhōngpù | 中铺 | E.DI,X..E;D.T٦. |
| 10. zhōngzhuǎn | 中转 | J.,GU.,٦I:PI., KW.,MO..DO.,L٦. |

ai    ei    ao    ou    uo

ong

# CíHuì Jí
# 词汇集 ,.Ɛɜ:,ʎ˥:Ɐꓭ

Shěng （Shěnghuì Chéngshì）、 Zìzhìqū（Shǒufǔ）、
## 省 （省会 城市）、 自治区（首府）、
Sꓷ.,(Sꓷ.,NY,ꓕ˥.Lꓳ.˙Ɛꓒ..)˙ IZ, Cꓵ, ꓳꓱ.,(Lꓳ.. ꓒɜ.. NI, M., )

Zhíxiáshì、Tèbiéxíngzhèngqū
## 直辖市、 特别行政区
.Ɛꓚ, L˥ :X: Xꓵ, ꓕ˥, PY: XI: F˥, ꓳƐ.

| | |
|---|---|
| Ānhuī（Héféi）<br>安徽（合肥）<br>A.-HUI..(HO:-FE:) | Fújiàn（Fúzhōu）<br>福建（福州）<br>FU:-CY,(FU:-FOU..) |
| Gānsù（Lánzhōu）<br>甘肃（兰州）<br>K..-SU,(L;-FO..) | Guǎngdōng（Guǎngzhōu）<br>广东（广州）<br>KW..-TO.(KW..-COU..) |
| Guǎngxī（Nánníng）<br>广西（南宁）<br>KW..-XI..(N:-LI:) | Guìzhōu（Guìyáng）<br>贵州（贵阳）<br>KUI,-FOU..(KUI,-Y;) |
| Hǎinán（Hǎikǒu）<br>海南（海口）<br>HⱯ..-N:(HⱯ..-NOK..) | Hénán（Zhèngzhōu）<br>河南（郑州）<br>HO:-N:(Fꓷ,-FOU..) |
| Héběi（Shíjiāzhuāng）<br>河北（石家庄）<br>HO;-PE:(Xꓵ:-C..-FW..) | Hēilóngjiāng（Hā'ěrbīn）<br>黑龙江（哈尔滨）<br>HE:-LO:-C.(H...-Ɐ..-PI..) |
| Húběi（Wǔhàn）<br>湖北（武汉）<br>HU:-PE:(WU..-H.) | Húnán（Chángshā）<br>湖南（长沙）<br>HU:-N:(ꓵ-ꓓ:-S..) |

Jílín ( Chángchūn )
吉林 ( 长春 )
CI:-LI:(ɟ;-ɟUꟻ..)

Jiāngsū ( Nánjīng )
江苏 ( 南京 )
C.-SU..(N:-CI.,)

Jiāngxī ( Nánchāng )
江西 ( 南昌 )
Ɔ.-XI..(N:-Ɔ..)

Liáoníng ( Shěnyáng )
辽宁 ( 沈阳 )
LY:-NI:(Sꟼ.,-Y;)

Nèiměnggǔ ( Hūhéhàotè )
内蒙古 ( 呼和浩特 )
NUI,-MO:-KU..(HU..-HO:-HAO,-ꟼꟼ:)

Níngxià ( Yínchuān )
宁夏 ( 银川 )
NI:-X,(YI:-ꟼW..)

Qīnghǎi ( Xīníng )
青海 ( 西宁 )
Ɔꟼ.,-Hꟺ..(XI.,-NI..)

Shāndōng ( Jǐnán )
山东 ( 济南 )
S..-TO(CI.,-N:)

Shānxī ( Tàiyuán )
山西 ( 太原 )
S..-XI..(ꟼꟼ-Yꟺ;)

Shǎnxī ( Xī'ān )
陕西 ( 西安 )
S,.-XI..(XI.,-A..)

Sìchuān ( Chéngdū )
四川 ( 成都 )
SI,-ꟼW.,:ꟼꟻ-TU..)

Táiwān ( Táiběi )
台湾 ( 台北 )
ꟼꟼ-ꟺꟺ..(ꟼꟼ:-PE:)

Xīzàng ( Lāsà )
西藏 ( 拉萨 )
XI..-F.(L:-S..)

Xīnjiāng ( Wūlǔmùqí )
新疆 ( 乌鲁木齐 )
XI..-C.(WU..-LU..-MO,-IꟆ:)

Yúnnán ( Kūnmíng )
云南 ( 昆明 )
YꟆ;-N; (ꟃUꟺ.-MI:)

Zhèjiāng ( Hángzhōu )
浙江 ( 杭州 )
FꟺꟆ;-Ɔ.(H:-ƆOU.)

Běijīng
北京
PE:-CI.,

Chóngqìng
重庆
ꟼO:-OꟆ,

Shànghǎi
上海
S;-Hꟺ..

Tiānjīn
天津
ꟼY..-CI.,

Àomén
澳门
AO,-MꟆ:

Xiānggǎng
香港
X..-K.,

028

1. Kuài wǔwǔsì cì zài nǎr hòuchē?
   K554 次在哪儿 候车？
   ΛW: V., ΛW: ɟI.. LI. ꓘO, M.. A.. KW., LO, NY, Λ.,=

2. Zài èrlóu sānhào hòuchēshì hòuchē.
   在 二楼 三号 候车室 候车。
   NYI: F. S.. ꓘO, KW., LO. NY,=

3. Hái yǒu duō jiǔ cái néng jiǎnpiào jìnzhàn?
   还 有 多 久 才 能 检票 进站？
   A.. LI.. ˥M˥..ꓔ: ꓷΛ, C: E. ꓘU: KW., L∃; D.,?

4. Wǎndiǎn le duō cháng shíjiān?
   晚点 了多 长 时间？
   A.. LI.. M˥.. DΛ: Λ.,?

5. Bùhǎoyìsì, zhè shì wǒ de zuòwèi.
   不好意思，这是我的座位。
   A: ꓘ˥. M: ZO: W..-. ꓕI.. M.. ΛW., NYI.. ꓔ. ꓕ˥ Λ.,=

Jiǎnpiào hòuchē
检票 候车
ꓒΛ,Ɔ:MO..DO.,LO.

Āpǔ: Qǐng wèn, kuài wǔwǔsì cì lièchē zài nǎr hòuchē?
阿普： 请 问， K554 次列车 在 哪儿 候车？
A.ꓒU., : ΛW: V., ΛW: ɟI..ꓕI.. ꓘO, M.. A.. KW., LO. NY, Λ.,=

Gōngzuò rényuán：Zài èrlóu sānhào hòuchēshì.
工作　人员：在 二楼 三号 候车室。

MI: YI.. SU.,: NYI: F. S.. KO, KW., LO. NY,=

Āpǔ：Zhè tàng chē wǎndiǎn le？
阿普：这 趟 车 晚点 了？

A.dU., : MO.. DO., ⊥I.. GO, M.. DⱯ: LI.. W..?

Gōngzuò rényuán：Shìde.
工作　人员：是的。

MI: YI.. SU.,: Λ., W..=

Āpǔ：Wǎndiǎn le duō cháng shíjiān？
阿普：晚点 了多 长 时间？

A.dU., : A.. LI.. M⊤.. DⱯ: Λ.,?

Gōngzuò rényuán：Dàyuē yí gè xiǎoshí.
工作　人员：大约 一个 小时。

MI: YI.. SU.,: A: L.. ⊥I: C∩,=

Āpǔ：Háiyǒu duō jiǔ cái néng jiǎnpiào jìnzhàn？
阿普：还有 多 久 才 能 检票 进站？

A.dU., : A.. LI.. M⊤.. ⊤: DⱯ, C: E. KU: KW., LƎ; D.,?

Gōngzuò rényuán：Hái bù qīngchǔ, qǐng děnghòu tōngzhī.

工作 人员：还不 清楚，请 等候 通知。

MI: YI.. SU.,: A., LI.. M: SꝹ. SE:-.lI:-ꞀꝪ LO. NY, SE: ꞷ=

Shàngchē hòu
上车 后

MO.. DO., ꞰU: LI; GU., Ʇꞷ:

Āpǔ：Bùhǎoyìsi, zhè shì wǒ de zuòwèi.

阿普：不好意思，这 是 我 的 座位。

A. dU., : A: ꞰꞀ. M: ZO: W..-. ꞱI.. M.. ꞷW., NYI.. T. Tꞏ. ꞷ.,=

Chéngkè：Duìbuqǐ, néng gēn nín huàn xià zuòwèi ma?

乘客： 对不起， 能 跟 您 换 下 座位 吗?

MO.. DO., Fꞏ: SU., : A: ꞰꞀ. M: ZO: W..-. NYI.. D. Tꞏ. ꞱI: ꞀꝪ Lꞏ. B., M: D.,?

Āpǔ：Méi wèntí.

阿普：没 问题。

A. dU., : ꞷ.. Ɔ ..=

**拓展　词汇**ɐᴠ..ʞ⅂:ᴡᴜ:ᴢɪ.,

| | | |
|---|---|---|
| 1. chūzhàn | 出站 | DO.,T⅂.Edⅼ; |
| 2. zhàntái | 站台 | ᴠⅼ;ɴʏ,T⅂. |
| 3. chēxiāng | 车厢 | MO..DO.,ᴋO, |
| 4. zhèngdiǎn | 正点 | ᴋ;ᴋ;ᴢO: |
| 5. fāchē | 发车 | MO..DO.,JE., |
| 6. dàozhàn | 到站 | E.T⅂.Ɔⅼ.. |
| 7. zhōngdiǎn | 终点 | E.T⅂.Ɔⅼ.. |
| 8. cānchē | 餐车 | ᴢ:GO.,MO..DO., |
| 9. ānjiǎn | 安检 | GO.,DƷ:Ɔ: |
| 10. bùxíng | 步行 | J.,ХƷ: |
| 11. chángtú | 长途 | A:⅂,⅂.. |
| 12. duǎntú | 短途 | ɴ⅂:ⅬN:ᴙ:ⅬN |
| 13. tíqián | 提前 | M⅂.Tɐ: |

in　uan　uen　üan　üen

# 7 ZhùSù 住宿 E;T.Tꓶ.

## Héxīn Jùxíng 核心 句型 Bꓯ.,ꓘꓶ:NI,M..

Hái yǒu fángjiān ma?
1. 还 有 房间 吗?
E; T. GU.. JW, SE:?

Yì wǎn zuì piányi duōshǎo qián?
2. 一 晚 最 便宜 多少 钱?
M: D., ꓕꓯ: LO.. M.. ꓕI: Mꓶ: ꓘꓶ: A. MY.. ꓥ.,?

Shénme shíhou tuìfáng?
3. 什么 时候 退房?
A.. LI.. P, ꓛI.. ꓕ: E; T. M: D., ꓥ.,?

Wǒ yào tuìfáng.
4. 我 要 退房。
ꓥW., VI., KO, M: NYI.. D. W..=

Xíngli kěyǐ jìcún zài qiántái ma?
5. 行李 可以 寄存 在 前台 吗?
ꓶ., ꓤ., ꓶ., MI., M.. Mꓶ; ꓕꓯ: NY, Tꓶ. KW., ꓛ, D., Lꓯ.?

## Duìhuà 对话 Bꓯ.,TO,ꓘꓶ:

### Rùzhù 入住 NY, D.,

Āpǔ: Qǐng wèn, hái yǒu fángjiān ma?
阿普：请 问，还有 房间 吗?
A.ꓒU., : E; T. GU.. JW, SE:?

Qiántái fúwùyuán：Yǒude．
前台　服务员：有的。

Mᒣ; ⊥∀: MI: YI: SU., :　JW, ∧.,=


Āpǔ：Yì wǎn zuì piányi duōshǎo qián？
阿普：一　晚　最　便宜　多少　　钱？

A.dU., : M: D., ⊥∀: LO.. M.. ⊥I: Mᒣ: Kᒣ: A. MY.. ∧.,?


Qiántái fúwùyuán：Sānshí．Yào jiāo wǔshí yājīn，tuìfáng de shíhou huì tuìhuán．
前台　服务员：三十。要　交　五十　押金，退房　的　时候　会　退还。

Mᒣ; ⊥∀: MI: YI: SU., :　S., ⅎI..Mᒣ:= N: dU: ∧W: ⅎI.. Mᒣ: Kᒣ., ƆI., SE: ∧-. N:

dU: M.. NU., JE., ⊥∀: NU., ⊤∀. LI. Gᒣ: ∧=


Āpǔ：Hǎo de．
阿普：好　的。

A.dU., : ∧:=

Qiántái fúwùyuán：Zhè shì nín de fángkǎ．
前台　服务员：这　是　您　的　房卡。

Mᒣ; ⊥∀: MI: YI: SU., : ⊥I.. M.. NY.,NU.. VI., KO, d∀.=

Āpǔ : Shénme shíhou tuìfáng?
阿普： 什么　时候　退房？

A.dU., : A.. LI.. P, ƆI.. ⊥: E; T. M: D., Λ.,?


Qiántái fúwùyuán: Zhōngwǔ shíèr diǎn.
前台　服务员：中午　十二　点。

M˥; ⊥Ɐ: MI: YI: SU., : MO; LO.. ꟻI.. NYI: J∩,=


Āpǔ : Hǎo de.
阿普：好　的。

A.dU., : Λ: LⱯ..=

Tuìfáng
退房

E;T.GU..M:NYI..T.W..


Āpǔ : Wǒ yào tuìfáng.
阿普：我　要　退房。

A.dU., : ΛW., VI., KO, M: NYI.. D. W..=


Qiántái fúwùyuán: Zhè shì nín de yājīn.
前台　服务员：这　是　您　的　押金。

M˥; ⊥Ɐ: MI: YI: SU., : ⊥I.. M.. NY.,NU.. ⊥Ɐ. N: dU:=


Āpǔ : Wǒ kěyǐ bǎ xíngli xiān fàng zhèr ma?
阿普：我　可以　把　行李　先　放　这儿　吗？

A.dU., : ΛW., ˥.. ꓺ; ˥.. MI., M., ⊥I.. KW., ⊥I:B, Ɔ, SE: NI.,D.. M: D..?


Qiántái fúwùyuán: Kěyǐ, shénme shíhou qǔ?
前台　服务员：可以，什么　时候　取？

M˥; ⊥Ɐ: MI: YI: SU., : A.. ⊥: RU.. L.. Λ.,?


Āpǔ : Xiàwǔ liùdiǎn qián.
阿普：下午　六点　前。

A.dU., : M˥: ꓘ⊥: ƆC: J∩, M˥. ⊥Ɐ:=


Qiántái fúwùyuán: Hǎo de, méi wèntí.
前台　服务员：好　的，没　问题。

M˥; ⊥Ɐ: MI: YI: SU., : Λ: LI..=

1. dānrénjiān 单人间
2. zhōngdiǎnfáng 钟点房
3. sānrénjiān 三人间
4. biāozhǔnjiān 标准间
5. fēnzhōng 分钟
6. xiǎoshí 小时
7. tiān 天

ua üe iao iou uai

en ueng

[ 附 ]

CíHuì Jí

# 词汇 集 Bꓯ.,ꓘꓶ:Bꓱ.,

Shíjiān Dānwèi

## 时间 单位

## E. Jꓵ, Bꓯ., ꓘꓶ:

| | | | |
|---|---|---|---|
| miǎo<br>秒<br>**Hꓶ..** | fēnzhōng<br>分钟<br>**Hꓷ.,** | xiǎoshí<br>小时<br>**YI., Jꓵ,** | tiān（rì）<br>天（日）<br>**NYI..** |
| zhōu（xīngqī）<br>周（星期）<br>**Xꓵ: NYI., (N:NYI..)** | yuè<br>月<br>**V.,** | jìdù<br>季度<br>**V.. B., S.,M.,** | nián<br>年<br>**ꓘO;** |

Héxīn　Jùxíng

## 核心　句型 BⅤ.,ʞ٦:NI,M..

Wǒ  xiǎng  zhǎo  gōngzuò.
1. 我　想　找　工作　。
ʌW., NY., E. MI: HW., TO; ʌ.,=

Néng  shuō  yíxià  nǐ  de  jīběn  qíngkuàng  ma?
2. 能　说　一下　你　的　基本　情况　吗？
NU.. Ⅴ., JW, Ⅴ., SƆ_M.. ⅃I: ʞ٦; BⅤ., NYI.. M: D.,?

Yí  gè  yuè  gōngzī  liǎngqiān  duō.
3. 一个　月　工资　两千　多。
⅃I: Ⅴ., W: dU: NYI: DU., M٦: K., TⅤ..=

Wǒ  bú  huì  xiě  zì, kěyǐ  bāng  wǒ  tián  yí  xià  ma?
4. 我　不会　写字,可以　帮　我　填　一下　吗？
ʌW., TO: ٦: BO., M: KU.-.ʌW., TⅤ. ⅃I: ⅃٦, BO., J., M: D.,?

Bānyùngōng  kěyǐ  ma?
5. 搬运工　可以　吗？
٦: ⴽ: ٦.. ⴽ: .MI:, ƆↃ: J.. SU., YI.. BⅤ.,?

Duìhuà

## 对话 BⅤ.,TO,ʞ٦:

Āpǔ： Wǒ  xiǎng  zhǎo  gōngzuò.
阿普：我　想　找　工作　。
A.dU., : ʌW., NY., E. MI: HW., TO; ʌ.,=

Zhōngjiè： Néng  shuō  yí  xià  nǐ  de  jīběn  qíngkuàng  ma?
中介： 能　说　一下　你　的　基本　情况　吗？
MI:J.,SU.,: NU.. Ⅴ., JW, Ⅴ., SƆ_M.. ⅃I: ʞ٦; BⅤ., NYI.. M: D.,?

Āpǔ：Wǒ jīnnián sānshí, zuò guò wǔ nián níwǎgōng.
阿普： 我 今年 三十， 做 过 五 年 泥瓦工。

A. ꄉꃴ， : ꃴꅪ, ꇖ NI, S.. ꇖ. ꀕ;-. NE. ZI: ꀠ, ꀠ, SU., ꃴꃲ; YI.. FO., ꃴ,=

Zhōngjiè：Bānyùngōng kěyǐ ma?
中介： 搬运工 可以 吗？

MI:ꐧ,SU., : ꒡. ꇁ.. ꒡ .. MI., ꒑ꎭ: ꐧ.. SU., YI.. ꃪꃲ,?

Āpǔ：Kěyǐ.
阿普：可以。

A.ꄉꃴ， :ꃲ;ꇌꇲ.=

Zhōngjiè：Nǐ xīwàng yí gè yuè gōngzī duōshǎo?
中介： 你 希望 一 个 月 工资 多少？

MI:ꐧ,SU.,: NU., ꒑ꇋ: V.. W: ꄉꃴ: A.. MY: SW; ꃴ,?

Āpǔ：Yí gè yuè liǎngqiān duō ba.
阿普：一个 月 两千 多 吧。

A.ꄉꃴ， :꒑ꇋ: ꃴ., W: ꄉꃴ: NYI: ꄙꇌ, ꂷꇌ: K., ꄟꃴ..=

040

Zhōngjiè: Hǎo de, qǐng tián yí xià qiúzhíbiǎo.

中介： 好 的， 请 填 一 下 求职表 。

MI: J., SU., : Λ: ɔO..-·.ʇO: ʇ. ʇɟ. M.. ʇI: ʞʇ: BO., SE:=

Āpǔ: Wǒ bú huì xiě zì, néng bāng wǒ tián yí xià ma?

阿普： 我 不 会 写 字， 能 帮 我 填 一 下 吗？

A. ԁU., : ΛW., ʇO: ʇ: BO., M: KU.-·.ΛW., ʇΛ. ʇI: ʞʇ: BO., J., M: D.,?

Zhōngjiè: Kěyǐ.

中介： 可以。

=·.ɔO: Λ: ɔO..,; .,  J., SU.= MI

## 拓展　词汇 ʙΛ..ʞʇ:WU:ZI.,

Tuòzhǎn Cíhuì

| | | |
|---|---|---|
| 1. duǎnqī | 短期 | DU.DU.ᴚ: |
| 2. gùdìng | 固定 | M:LU.ᴚ: |
| 3. jiānzhí | 兼职 | MI:ʇI:N:YI..SU., |
| 4. quánzhí | 全职 | ʇ:Lʍ.ʇ:MI: YI..SU., |
| 5. qīngjiégōng | 清洁工 | VI.,SI,SU., |
| 6. yóuqīgōng | 油漆工 | C∩.ZI:Nʇ:SU., |
| 7. shuǐdiàngōng | 水电工 | E.. JY., BE.. J., X, SU., |
| 8. mùgōng | 木工 | SI, K, X, SU., |
| 9. wéixiūgōng | 维修工 | MI., X∩: MI., FI. X, SU., |

eng    iang    ing

iong    uang

**9**

Zhǎo GōngZuò（LáoWù ShìChǎng）
# 找 工作（劳务 市场）
E.MI:HW..(W:HW..Tꓵ.)

Nǐ huì zuò shénme gōngzuò?
1. 你 会 做 什么 工作？
NU.. A. Xꓵ: MI: YI., KU. ᴧ.,?

Wǒ huì xiū shuǐdiàn.
2. 我 会 修 水电。
ᴧW., NY., E, JY., BE. J; X, KU. ᴧ.,=

Nín zhèr zhāo bānyùngōng ma?
3. 您 这儿 招 搬运工 吗？
NU.. W: ꓶ.. ꓴI: d: HW., Lᴧ.?

Gōngqián zěnme suàn?
4. 工钱 怎么 算？
W: dU: A.. LI.. SW: ᴧ.,?

Bāo chī zhù ma?
5. 包 吃 住 吗？
Z: dU: Dꓳ., dU: GUꓵ; Lᴧ.?

Láowù shìchǎng
### 劳务 市场
E. MI: HW Tꓶ.

Zhāopìn rényuán: Nǐ huì zuò shénme gōngzuò?
招聘 人员：你 会 做 什么 工作？
W: ꓤ: HW., SU.,: NU.. A. Xꓵ: MI: YI., KU. ᴧ.,?

Āpǔ : Wǒ huì xiū shuǐdiàn .
阿普：我 会 修 水电 。

A.dU., : ΛW., NY., E., JY., BE.. J; X, KU. Λ.,=

Zhāopìn rényuán: Wǒmen zhèr bù zhāo shuǐdiàngōng .
招聘 人员：我们 这儿 不 招 水电工 。

W: Я: HW., SU.,: ΛW.. NU: ⊓.. KW.. E.. JY.. J., X, SU., M: HW.,=

Āpǔ : Nà nín zhèr zhāo bānyùngōng ma?
阿普：那 您 这儿 招 搬运工 吗？

A.dU.. :NU.. W: Ꞁ.. ƆI: d: HW., LꓥꞀ.?

Zhāopìn rényuán: Zhāo .
招聘 人员：招 。

W: Я: HW., SU.,: HW., Λ.,=

Āpǔ : Gōngqián zěnme suàn?
阿普： 工钱 怎么 算？

A.dU., : W: dU: A.. LI.. SW: Λ.,?

044

Zhāopìn rényuán: Yì tiān liǎngbǎi, yí yuè yì jiē.

招聘　人员：一 天　两百，一 月 一 结。

ꊿ ꀕ ꑍ ꆈꑽ，ꌷꊿ；ꌠ ꑟ ꑍ，ꑌ ꉻꑍ ꉻꌠ ꀕ=

　　Āpǔ : Bāo chī zhù ma?

阿普：包 吃 住 吗？

ꀉꇁ，：ꌅ ꃚ ꁧ，ꃚ ꈌ；ꇁ.？

Zhāopìn rényuán: Guǎn yí dùn wǔfàn, bù bāo zhù.

招聘　人员：管 一 顿 午饭，不 包 住。

=ꃚ ꀕ ꆈꑽ，ꌷ，：ꂿ；ꇊ ꑍ ꌅ ꈌꇗ；-. ꑱꏜ，ꊢ ꂾ ꈌꇗ；=

**Tuòzhǎn Cíhuì**
**拓展　词汇 ꀕꑟ..ꇄꎷ：ꃶꎷ：ꁦ，**

| 1. zhēnxiànhuó | 针线活 | ꊈꏜ；ꍣ，ꂷ： |
| 2. tǐlìhuó | 体力活 | ꃶꑰ；ꉻ，ꂷ： |
| 3. jìshùhuó | 技术活 | ꑱꌠ..ꑱꂷ..ꂷ： |
| 4. nónghuó | 农活 | ꑟꇗ. ꂷ.. ꂾ： |
| 5. shǒugōng | 手工 | ꇄꒉ；ꂷ： |
| 6. jiǎngjīn | 奖金 | ꅓ，ꃚ： |

## 汉语　拼音　方案
*HànYǔ PīnYīn Fāng'àn*

### 字母表
*ZìMǔBiǎo*

Aa Bb Cc Dd Ee Ff Gg

Hh Ii Jj Kk Ll Mm Nn

Oo Pp Qq　Rr Ss Tt

Uu Vv Ww　Xx Yy Zz

---

**Héxīn Jùxíng**

**核心 句型** Bᴀ.,ꞀꞀ:NI,M..

Nǐ zài nǎr gōngzuò?

1. 你 在 哪儿 工作？
NU., A., KW., E. MI: YI., NY, ᴧ.,?

Gōngzī zěnmeyàng?

2. 工资 怎么样？
NU., Tᴀ. W: ꝺU: A., MY., ᴧ.,?

Nǐ nàr hái zhāo rén ma?

3. 你那儿 还 招 人 吗？
NU., E. MI: YI., GU.. KW., ꝼO., ꓤ: NU., SE; Lᴀ.?

Néng bāng wǒ jièshào yí fèn gōngzuò ma?

4. 能 帮 我 介绍 一 份 工作 吗？
NU., ᴧW., Tᴀ., E. MI: ꓕI: M.. N., NI.. JW.. Lᴀ.. M.. D.,?

Wǒ bāng nǐ wènwen ba.

5. 我 帮 你 问问 吧。
ᴧW., NU., Tᴀ., ꓕI: ꓨꞀ, N.. NI.. JW.. NI..=

---

**Duìhuà**

**对话** Bᴀ.,TO,ꞀꞀ:

Āpǔ：Nǐ zài nǎr gōngzuò?
阿普：你在 哪儿 工作？

A.ꝺU., :NU., A., KW., E. MI: YI., NY, ᴧ.,?

Zhào Míng：Wǒ zài zhìxié chǎng.
赵 明：我 在 制鞋厂 。

ZAO,-MI:: ᴧW., ꓛI.,NI., X, ꓕꞀ. KW., NY, ᴧ.,=

Āpǔ： Nǐ de gōngzī zěnmeyàng?
阿普：你 的 工资  怎么样？

**A.dU., : NU., TA. W: dU: A., MY., Λ.,?**

Zhào Míng： Hái kěyǐ.
赵　明：还 可以。

**ZAO,-MI: ZO: Λ.,=**

Āpǔ： Nǐ nàr hái zhāorén ma?
阿普：你 那儿 还 招人 吗？

**A.dU., : NU., E. MI: YI., GU.. KW., ꓯOꟻ., ꓤ: NU., SE; LꓯV.?**

Zhào Míng： Mùqián méi zhāo.
赵　明：目前 没 招。

**ZAO,-MI: ꓕI., Ʞ: TA., M: NU., SE:=**

Āpǔ : Néng bāng wǒ jièshào yí fèn gōngzuò ma?

阿普： 能 帮 我 介绍 一份 工作 吗?

A. dU., : NU., ∧W., T∀., E. MI: ⅃I: M.. N., NI.. JW.. L∀.. M.. D.,?

Zhào Míng : Wǒ bāng nǐ wènwen ba .

赵 明： 我 帮 你 问问 吧。

ZAO,-MI:: ∧W., NU., T∀., ⅃I: ⅃⅂, N.. NI.. JW.. NI..=

Āpǔ : Máfan nǐ le .

阿普： 麻烦 你 了。

A.dU., : NU., T∀., X. MO.. W..=

拓展 词汇 B∀..X⅂:WU:ZI.,

*Tuòzhǎn Cíhuì*

| | | |
|---|---|---|
| 1. shítáng | 食堂 | Z., Z: T⅂. |
| 2. gōngdì | 工地 | MI: YI., T⅂. |
| 3. shípǐnchǎng | 食品厂 | Z:X∩:X,VI., |
| 4. jīxièchǎng | 机械厂 | E.X∩:E.MI..X,VI., |
| 5. fúzhuāngchǎng | 服装厂 | B∀.,ſI:X,VI., |
| 6. wánjùchǎng | 玩具厂 | G,NY,DU..X,VI., |
| 7. zhībùchǎng | 织布厂 | YE;∩;VI., |
| 8. yǐnliàochǎng | 饮料厂 | DO..DU.,X,VI., |
| 9. jiǔchǎng | 酒厂 | J∩.,dſ:PU.VI., |

# HànZì De BǐHuà
# 汉字 的 笔画 ⠓⠆ ⠞⠕⠒ ⠋⠕⠂

Bǐhuà shì gòuchéng hànzì zìxíng zuì xiǎo de diǎn huò xiàn, tōngcháng
笔画 是 构成 汉字 字形 最 小 的 点 或 线， 通常
lái shuō, cóng qǐ bǐ dào shōu bǐ, jiàozuò yìbǐ huò yíhuà, bǐrú:
来 说， 从 起笔 到 收笔， 叫做 一笔 或 一画，比如：
héng shù piě diǎn děng.
横（一）、竖（丨）、撇（丿）、点（丶）等。

⠃⠕⠄⠂ ⠆⠒ ⠍⠄⠂ ⠝⠽⠄⠂ ⠓⠆ ⠞⠕⠒ ⠋⠕⠂ ⠍⠒ ⠞⠄⠂ ⠽⠕⠄⠂ ⠍⠄⠂ ⠈⠤⠄⠠⠄⠂ ⠂⠒ ⠍⠆⠂ ⠂⠒ ⠃⠦⠄⠂ ⠇⠕⠂
⠍⠄⠂ ⠝⠽⠄⠂ ⠃⠕⠄⠂ ⠎⠊⠂ ⠃⠕⠄⠂ ⠝⠒ ⠛⠥⠄⠂ ⠆⠉⠄⠤⠄⠂⠒⠞⠄⠂ ⠂⠒ ⠃⠦⠄⠂ ⠈⠂ ⠙⠦⠄⠂ ⠈⠕⠒ ⠆⠒ ⠅⠂ ⠭⠱⠠⠂ ⠙⠦⠄⠂ ⠃⠦⠄⠂
⠅⠥⠄⠂ ⠍⠒ ⠞⠄⠂ ⠶

## Jīběn Bǐhuà
## 基本 笔画
## ⠍⠒ ⠓⠒ ⠺⠑⠒ ⠞⠕⠒ ⠙⠥⠄⠂ ⠍⠄⠄ ⠃⠕⠄⠂ ⠂⠒

| bǐhuà 笔画 ⠃⠕⠄⠂ ⠂⠒ | bǐhuà míngchēng 笔画 名称 ⠃⠕⠄⠂ ⠂⠒ ⠍⠊⠄⠂ | lìzì 例字 ⠙⠦⠄⠂ ⠈⠕⠒ ⠋⠕⠂ |
|:---:|:---:|:---:|
| 一 | héng 横 | èr sān 二 三 |
| 丨 | shù 竖 | shí gān 十 干 |
| 丿 | piě 撇 | cái chǎng 才 厂 |
| 丶 | nà 捺 | bā rén 八 人 |
| 丶 | diǎn 点 | yán liù 言 六 |
| ⼂ | tí 提 | liáng bǎ 凉 把 |

# 复合 笔画

D., HO.. BO., ٦:

| bǐhuà<br>**笔画**<br>BO., ٦: | bǐhuà míngchēng<br>**笔画 名称**<br>BO., ٦: MI., | lìzì<br>**例字**<br>Dⴸ., ⴸO: FO, |
|---|---|---|
| 一 | hénggōu<br>横钩 | xiě    nǐ<br>写    你 |
| 亅 | shùgōu<br>竖钩 | cái    kě<br>才    可 |
| ㄱ | héngzhé<br>横折 | kǒu   shū<br>口    书 |
| ㄴ | shùzhé<br>竖折 | qū    chū<br>区    出 |
| ㄥ | piězhé<br>撇折 | gōng   me<br>公    么 |
| ㄑ | piědiǎn<br>撇点 | nǚ    hǎo<br>女    好 |
| ㇄ | shùtí<br>竖提 | mín    yǐ<br>民    以 |
| ㇄ | shùwāngōu<br>竖弯钩 | qī    diàn<br>七    电 |
| ㄱ | héngzhégōu<br>横折钩 | yuè    xí<br>月    习 |

一

一丨

一丿

丿丶

丶乛

乛亅

亅乛

乛乚

乚乀

乀乁

乁乚

乚乛

Qǐng zìwǒ jièshào yí xià.
**1.** 请 自我 介绍 一下。
H⅂. ⱭⱯ: SI., CI. ƆY; ⊥I: TI, BⱯ.. M. O:=

Yǒu shìyòngqī ma?
**2.** 有 试用期 吗?
ЯUI: K, XՈ: NI., XՈ: JO., Ʌ.,?

Shénme shíhou kěyǐ zhīdào miànshì jiéguǒ?
**3.** 什么 时候 可以 知道 面试 结果?
Ʌ., ⊥: ⊥Ɐ, BⱯ.. Я, NI., M., W.. M: W., M., C, W., D., Ʌ.,?

Gōngxǐ nǐ tōngguò miànshì.
**4.** 恭喜 你 通过 面试。
Ɐ: K⅂. ZO: W., NU., BⱯ.. Я, NI. M., W.. O.,=

Míngtiān lái shàngbān.
**5.** 明天 来 上班 。
X. G⅂., MI: YI., L., DO., O..=

**Miànshì shí**
#### 面试 时
BⱯ..Я,NI,⊥Ɐ:

Miànshìguān: Qǐng zìwǒ jièshào yíxià.
　面试官： 请 自我 介绍 一下。

BⱯ.. Я, NI., ZI: ꝺ:: NU., H⅂. ⱭⱯ: SI., CI. ƆY; ⊥I: TI, BⱯ.. M. O:=

Āpǔ : Wǒ jiào Āpǔ , shì Yúnnán rén, jīnnián sānshí le .
阿普： 我 叫 阿普，是 云南 人， 今年 三十 了。

A. dU., :ΛW.,WW., MI., A. dU., Λ.,-.YƎ; -N; SU.,-.Y FI., NI, S., ᴲI., ᴋO; LO;=

Miànshìguān: Yǐqián dōu zuò guò shénme?
面试官： 以前 都 做 过 什么 ?

Bᴧ.. ᴚ, NI., ZI: d:: NU., Hꓘ ꓕᴧ: SI., A. Xᴖ: Xᴖ: R., FO.,?

Āpǔ : Wǒ zuò guò níwǎgōng.
阿普： 我 做 过 泥瓦工。

A. dU., : ΛW., NI. ZI: BU, BU, SU., YI.. FO., Λ.,=

Miànshìguān: Nǐ yǒu shénme xiǎng wèn de ma?
面试官： 你 有 什么 想 问 的 吗 ?

Bᴧ.. ᴚ, NI., ZI: d:: NU., A. Xᴖ: N.. NI.. DI: JW: Λ.,?

Āpǔ : Nín zhèr yǒu shìyòngqī ma?
阿普： 您 这儿 有 试用期 吗 ?

A. dU., : NU., ꓕI., KW., ᴚUꞮ: ꓘ, Xᴖ: NI., Xᴖ: JO., Λ.,?

Miànshìguān: Yǒude.
面试官：　有的 。

**Bᴧ.. ꓤ, NI., ZI: d:: JO.,=**


Āpǔ : Shénme shíhou néng zhīdào jiéguǒ?
阿普：什么　时候　能　知道 结果？

**A.dU., : A., ꓕ., ꓕᴧ, Bᴧ.. ꓤ, NI., M., W.. M: W., M., C, W., D., ᴧ.,?**


Miànshìguān: Míngtiān děng diànhuà tōngzhī.
面试官：　明天　　等　电话　通知 。

**Bᴧ.. ꓤ, NI., ZI: d:: X. G꓾., J; DU., LO., NY,=**

Dì-èr tiān
第二　天

**K. NY. ꓕI: NYI.,**


Miànshìguān : Qǐng wèn, shì Āpǔ ma?
面试官：　　请　问，是 阿普吗？

**Bᴧ.. ꓤ, NI., ZI: d: NU., A.-dU.. ᴧ., M: ᴧ?**


Āpǔ : Shìde.
阿普：是的 。

**A.dU., : ᴧ.,-O=**


Miànshìguān: Gōngxǐ nǐ tōngguò miànshì.
面试官：恭喜 你 通过　面试 。

**Bᴧ.. ꓤ, NI., ZI: d:: A: ꓥꓶ, ZO: W., NU., Bᴧ.. ꓤ, NI. M., W.. O.,=**


Āpǔ : Shífēn gǎnxiè!
阿普：十分　感谢！

**A.dU., : A: ꓥꓶ, X. MO.,=**


Miànshìguān: Míngtiān jiù kěyǐ lái shàngbān le.
面试官：　明天　就 可以　来　上班 了。

**Bᴧ.. ꓤ, NI., ZI: d:: X. G꓾., MI: YI., L., DO.,=**


Āpǔ : Hǎo de.
阿普：好 的。

**A.dU., : ᴧ., ꓛ..=**

# 拓展　词汇ʙᴀ..ᴋ˥:ᴡᴜ:ᴢɪ.,

| | | | |
|---|---|---|---|
| 1. liǎngbānzhì | 两班制 | ɴɪ:ᴘ˥.ꜰ.ɴᴇ.,ʏᴇ., |
| 2. báibān | 白班 | ᴍᴏ;ʟᴏ.,ʏᴇ.,ꜱᴜ., |
| 3. yèbān | 夜班 | ꜱ.,ᴋᴡ.,ʏᴇ.,ꜱᴜ., |
| 4. chángbáibān | 长白班 | ᴍᴏ; ʟᴏ.. ʜᴀ' xʌ., ʏᴇ., ᴍ., |
| 5. rìxīn | 日薪 | ⊥ɪ:ɴɪ.,ʏᴇ.,ᴅᴜ: |
| 6. yīliáo bǎoxiǎn | 医疗 保险 | ɴ.,ᴅᴜ:ᴘᴏ,ᴅᴜ., |
| 7. gōngshāng bǎoxiǎn | 工伤 保险 | ᴍɪ:ʏᴇ.,ɴ.,ʟᴇ.,ᴘᴏ,ᴅᴜ: |
| 8. fúlì | 福利 | ɢ˥:ᴛ..ᴅᴜ: |
| 9. péixùn | 培训 | ᴇ.ᴍɪ:ᴍ. |

# HànZì De PiānPáng
# 汉字 的 偏旁 H7: ⊥O: FO, D.,

Piānpáng tōngcháng fēnwéi biǎoshì shēngyīn de shēngpáng hé biǎoshì yì
偏旁 通常 分为 表示 声音 的 声旁 和 表示 意
yì de xíngpáng liǎng lèi, xíngpáng yòu chēngwéi bùshǒu.
义 的 形旁 两类，形旁 又 称为 部首。

⊥O: FO, D., DU., M., NY., E. S▼; T▼. D., DU., BE., E. ∧O: T▼. E. JƎ: D.,
DU., NYI: X∩: ∧-.E. JƎ: D., DU., M., BU, SOU., LI. B▼., ∧=
=∨

| 偏旁<br>piān páng<br>⊥O: FO, D., DU., | 名称<br>míngchēng<br>MI.,DO; | 例字<br>lìzì<br>D▼., ∧O: FO | | |
|---|---|---|---|---|
| 扌 | tíshǒupáng<br>提手旁 | dǎ<br>打 | zhāo<br>招 | bō<br>拨 |
| 辶 | zǒuzhīr<br>走之儿 | tōng<br>通 | jìn<br>近 | hái<br>还 |
| 亻 | dānlìrén<br>单立人 | nǐ<br>你 | wèi<br>位 | zhù<br>住 |
| 彳 | shuānglìrén<br>双立人 | hěn<br>很 | wǎng<br>往 | dài<br>待 |
| 讠 | yánzìpáng<br>言字旁 | huà<br>话 | yǔ<br>语 | rèn<br>认 |
| 刂 | lìdāopáng<br>立刀旁 | liè<br>列 | zhì<br>制 | dào<br>到 |
| 冫 | liǎngdiǎnshuǐ<br>两点水 | liáng<br>凉 | cì<br>次 | kuàng<br>况 |
| 氵 | sāndiǎnshuǐ<br>三点水 | qīng<br>清 | ní<br>泥 | tāng<br>汤 |
| 钅 | jīnzìpáng<br>金字旁 | zhōng<br>钟 | qián<br>钱 | yín<br>银 |
| 艹 | cǎozìtóu<br>草字头 | láo<br>劳 | jié<br>节 | cài<br>菜 |
| 阝 | shuāngěrpáng<br>双耳旁 | bù<br>部 | nà<br>那 | yuàn<br>院 |
| 忄 | shùxīnpáng<br>竖心旁 | kuài<br>快 | qíng<br>情 | máng<br>忙 |
| 宀 | bǎogàir<br>宝盖儿 | shí<br>实 | shì<br>室 | zì<br>字 |

亻

讠

刂

阝

冫

氵

彳

忄

艹

扌

辶

宀

钅

Qǐng  wèn ,  zěnme  bànlǐ  rùzhí  shǒuxù？
1. 请  问，怎么  办理  入职  手续？
   MI: YE., W., DU., M., A., LƷ, XՈ: XY, NI., Ʌ.,?

Nǐ  qù  yínháng  bàn  yìzhāng  gōngzīkǎ.
2. 你  去  银行  办  一张  工资卡。
   NU., dU.. RU.. dU.. N: TꞀ. JE., SI. MI: YE., W., dU: KꞀ.. DU., Ⅼl:

   =Ս∩.. AP. XY, ℃.,=

Zài  nǎr  qiān  láodòng  hétong？
3. 在  哪儿  签  劳动  合同？
   MI: YE., ꓕOꞆ: ꓶ: M., A., LI., KW., BO.. Ʌ.,?

Qù  yīyuàn  zuò  rùzhí  tǐjiǎn .
4. 去  医院  做  入职  体检。
   NU., NƲ.. ꓯl; X, Vl., JE., SI. MI: YE., W., DU., M., B; JO., M: JO.,

   NI.. JE.,=

Bù  dǒng  de  kěyǐ  wèn  Xiǎozhāng .
5. 不  懂  的  可以  问  小张。
   M: SE. DU., M., XYO:-F. TƲ., N., NI..=

Āpǔ： Qǐng  wèn ,  zěnme  bànlǐ  rùzhí  shǒuxù？
阿普： 请  问，怎么  办理  入职  手续？

A.dU., : MI: YE., W., DU., M., A., LƷ, XՈ: XY, NI., Ʌ.,?

Zǔzhǎng: Xiān qù qiān láodòng hétong.
组长: 先 去 签 劳动 合同。

FU-F: Hꓶ. ꓶⱯ: SI., JE., SI. MI: YE., ꓶO: ꓶ: M., BO..=

Āpǔ: Zài nǎr qiān láodòng hétong?
阿普: 在 哪儿 签 劳动 合同?

A.ԀU., : MI: YE., ꓶO: ꓶ: M., A., LI., KW., BO.. Ʌ.,?

Zǔzhǎng: Zài èrlóu rénshìbù.
组长: 在 二楼 人事部。

FU-F :VI.. NYI: F., ꓤO., RO.. ꓔⱯ. GUꓷ: ꓶꓶ. KW., Ʌ.,=

Āpǔ: Hái xūyào bàn shénme ma?
阿普: 还 需要 办 什么 吗?

A Ԁ U.,:FⱯ, NI., A. Xꓵ: X, ꓳꓵ., SE:?

Zǔzhǎng: Zài qù yīyuàn zuò rùzhí tǐjiǎn.
组长: 再 去 医院 做 入职 体检。

FU-F: FⱯ, NI., NⱯ.. ꓩꟷ; X, VI., JE., SI. MI: YE., W., DU., M., B; JO., M: JO.,

NI.. JE., =

Āpǔ : Hǎo de .
阿普: 好 的。

A.dU., : Λ., O., =

Zǔzhǎng : Yǒu bù dǒng de kěyǐ wèn Xiǎozhāng .
组长: 有 不 懂 的 可以 问 小张 。

FU-F: M: SE. DU., M., XYO:-F. TⱯ., N., NI..=

Xiǎozhāng : Nǐ hái děi qù yínháng bàn zhāng gōngzīkǎ .
小张: 你 还 得 去 银行 办 张 工资卡。

XYO:-F. : NU., A., MꞀ.. dU.. RU.. dU.. N: TꞀ. JE, SI. MI: YE., W: dU: KꞀ.,

DU., ꞀI: dⱯ. X, YE., SE:=

Āpǔ : Hǎo de , xièxie nǐ .
阿普: 好 的，谢谢 你。

A.dU., : Λ-. X. MO..=

**拓展　词汇** BⱯ..ꞀK:WU:ZI.,

1. lǐngdǎo　　领导　　HO:M.SU.,

2. lízhí　　离职　　MI:N:YI.,

3. cáiwùbù　　财务部　　dU:GUⱭ:TꞀ.

4. yuángōngzhèng　　员工证　　W:Ɜ:FꞀ,

5. qiántái　　前台　　MꞀ.CⱭ;NⱯ,TꞀ.

6. gōngzuò chējiān　　工作 车间　　W:Ɜ:MI:Ɜ:YE.,TꞀ.

7. shuǐkǎ　　水卡　　YI.,JⱯ.,dⱯ,

8. fànkǎ　　饭卡　　Z.,Z:dⱯ,

## HànZì De BǐShùn
# 汉字 的 笔顺 H7: ⊥O: FO, BO., ∧O:

Bǐshùn shì zhǐ hànzì bǐhuà de shūxiě xiānhòu shùnxù. měi yí gè
笔顺 是 指 汉字 笔画 的 书写 先后 顺序。每 一 个
hànzì de shūxiě dōu yào zūnshǒu bǐshùn guīzé, zhǐyǒu ànzhào bǐshùn qù xiě
汉字 的 书写 都 要 遵守 笔顺 规则，只有 按照 笔顺 去 写
hànzì, cái néng xiě de yòu kuài yòu měiguān.
汉字，才 能 写 得 又 快 又 美观 。

**BO., ∧O: N: LH: ⊥O: FO, BO., ⅂: A., LI., H7. ⊥∀: A., LI., K. NY. BO., B∀., M., ∧-A., LI., ⊥I: FO, LI. E. ∧O: LO: L., JW., BO., UC., ∧-⊥E7., LI., ⊥: SI. BO., ⅎ: BO., ∩U., BI., L., ∧=**

# 练一练 R, NI.,

xiān héng hòu shù
# 先 横 后 竖
## L∀: K. BO., SI. TI. TI. BO.,

shí
十 一 十 十 十 十 十 十 十 十 十 十

gān
干 一 二 干 干 干 干 干 干 干 干

fēng

丰 一 二 三 丰 丰 丰 丰 丰 丰 丰

rén

人 丿 人 人 人 人 人 人 人 人 人

rù

入 丿 入 入 入 入 入 入 入 入 入

bā

八 丿 八 八 八 八 八 八 八 八 八

## 从 上 到 下
cóng shàng dào xià

**从 上 到 下**

E. D∀: S., NI. E. GU., S.,

| sān | | | | | | | | | |
|---|---|---|---|---|---|---|---|---|---|
| 三 | 一 | 二 | 三 | 三 | 三 | 三 | 三 | 三 | 三 |

| tiān | | | | | | | | | |
|---|---|---|---|---|---|---|---|---|---|
| 天 | 一 | 二 | 干 | 天 | 天 | 天 | 天 | 天 | 天 |

| hé | | | | | | | | | |
|---|---|---|---|---|---|---|---|---|---|
| 合 | 丿 | 人 | 亼 | 仐 | 合 | 合 | 合 | 合 | 合 |

cóng zuǒ dào yòu

**从 左 到 右**

L∀; ꞁ. NI. L∀; Y.,

| chuān | | | | | | | | | |
|---|---|---|---|---|---|---|---|---|---|
| 川 | 丿 | 川 | 川 | 川 | 川 | 川 | 川 | 川 | 川 |

hàn

汉 ` ` 氵 汈 汉 汉 汉 汉 汉 汉

shuāng

双 フ 又 邓 双 双 双 双 双 双 双

yuè

月 丿 刀 月 月 月 月 月 月 月 月

tóng

同 丨 冂 冂 同 同 同 同 同 同 同

wèn

问 ` 丶 门 门 问 问 问 问 问 问

cóng wài dào nèi hòu fēngkǒu
从 外 到 内 后 封口

sì

四 丨 冂 冂 四 四 四 四 四 四

guó

国 丨 冂 冂 月 国 国 国 国 国

rì

日 丨 冂 月 日 日 日 日 日 日

xiǎo

小 亅 小 小 小 小 小 小 小 小

shuǐ

水 亅 刀 水 水 水 水 水 水 水

bàn

办 乛 力 办 办 办 办 办 办 办

Wǒ míngtiān shàngwǔ bù néng qù shàngbān le .

1. 我 明天 上午 不 能 去 上班 了。
∧W.,X,N∀;MI:YE.L.,M:D.,=

Hūnjià kěyǐ qǐng duō jiǔ?

2. 婚假 可以 请 多 久?
L∀:d∀,F.⊥,A.,M∀.,NI.,WU:H7.,N:D.,∧.,?

Nǐ míngtiān néng bāng wǒ qǐng gè jià ma?

3. 你 明天 能 帮 我 请 个 假 吗?
X.G7.,NU.,∧W.,T∀.WU:H7.,N:D.,DU.,M.,⊥I:入7:X,J..

L∀..M:D.,?

Wǒ kěnéng wǎn dào bàn xiǎoshí.

4. 我 可能 晚 到 半 小时。
∧W.,A:L..S..,ɟI.,H7.D∀:⊥:ɔI..L.,D.,∧.,=

Jiéjiàrì gōngzuò yǒu sān bèi gōngzī.

5. 节假日 工作 有 三 倍 工资。
X.J∩,N:J∩,MI:YE.T∀:MI:YE.W:d∪:M.,S..ɾ∪.M∀:=

Qǐng tóngshì bāngmáng qǐngjià
### 请 同事 帮忙 请假
YI.,MI:ꞀI:ɔO.,YE..SU.,L∀.,MI:YE,WU:HꞀ.,N:DU.,M.,X,O:HW..

Āpǔ : Xiǎolǐ, nǐ míngtiān néng bāng wǒ qǐng gè jià ma?
阿普: 小李, 你 明天 能 帮 我 请 个 假 吗?

A.dU., : XYO: LI., X. GꞀ., NU., ∧W., T∀. WU:HꞀ., N: D., DU., M., ꞀI: ꞀꞀ: X, J..

L∀.. M: D.,?

Tóngshì: Nǐ zěnme le ?
同事: 你 怎么 了?

MI: ꞀI: ɔO.,YE..SU.,: NU.,∀.,LI.,∧.,?

Āpǔ : Wǒ míngtiān shàngwǔ děi qù yīyuàn, bù néng qù shàngbān le .
阿普: 我 明天 上午 得 去 医院, 不 能 去 上班 了。

A.dU., : ∧∀., X. GꞀ., N∀; N∀.. ꓿I; XY, VI., JE, ɔ∩., O.,-. MI: YE, M:

D.,=

Tóngshì: Nà nǐ xiàwǔ hái lái ma?
同事: 那 你 下午 还 来 吗?

MI: ꞀI: ɔO., YE.. SU.,: NU., MꞀ; LO., L., SE:?

Āpǔ : Kěnéng děi wǎn dào bàn xiǎoshí.
阿普: 可能 得 晚 到 半 小时。

∧W., A: L.. S., ꓺI., HꞀ., D∀: Ꞁ: ɔI.. L.. D., ∧.,=

Tóngshì: Kěyǐ , méi wèntí .
同事: 可以, 没 问题。

MI: ꞀI: ɔO.,YE..SU., : ∧., L∀.,-. X∩: W∩., M: JW,=

Āpǔ : Xièxie .
阿普: 谢谢。

A.dU., : X. MO.,=

Zīxún jīnglǐ xiǎng qǐngjià
## 咨询 经理 想 请假

GUɑ:X∩:N..NI..SW;MI;N:YE,

Āpǔ： Jīnglǐ, hūnjià kěyǐ qǐng duō jiǔ?
阿普：经理，婚假 可以 请 多 久？

A.dU., : GUɑ: X∩:-. LɅ: dɅ, F. ⊥. A., MɅ., NI., WU: H˥., N: D., ∧.,?

Jīnglǐ： Sān tiān.
经理： 三 天。

GUɑ:X∩:: S: NYI.,=

Āpǔ： Jiéjiàrì gōngzuò yǒu bǔtiē ma?
阿普：节假日 工作 有 补贴 吗？

A.dU., : X. J∩, N: J∩, MI: YE, LɅ: MY: MY: G˥: L., LɅ.?

Jīnglǐ： Jiéjiàrì gōngzuò yǒu sān bèi gōngzī.
经理：节假日 工作 有 三 倍 工资。

=:MɅ ∩J .S., .. ∩P: dU: M., S., ˞U. MɅ:=    GUɑ:X∩:: X. J∩, N: J∩, MI: YE. LɅ: MI: YE. W: dU: M., S., ˞U. MɅ:=

Āpǔ： Hǎo de, xièxie jīnglǐ.
阿普：好 的，谢谢 经理。

A.dU., : ∧,-. X. MO., GUɑ: X∩: =

## 拓展　词汇 ВѦ..ꓘГ:WU:ZI.,

| | | | |
|---|---|---|---|
| 1. | bìngjià | 病假 | N.,SI.WU: Hꓶ.,N: |
| 2. | chǎnjià | 产假 | Я: EꓱI.,WU: Hꓶ.,N: |
| 3. | shēnqǐng | 申请 | DE: |
| 4. | chángjià | 长假 | WU:Hꓶ.,Mꓶ..Y.. N: |
| 5. | duǎnjià | 短假 | WU: Hꓶ.,ꓶI: FI. LI: N: |
| 6. | gāowēnjià | 高温假 | ꓞ.,PU.N:Jꓵ, |
| 7. | shuāngxiūrì | 双休日 | WU: Hꓶ., NYI: NYI., N: |
| 8. | rénshìbù | 人事部 | ꓞO., RO.. Тѧ. GUꓷ: Tꓶ. |
| 9. | gōngxiū | 公休 | Ѧ:Jꓵ:WU:Hꓶ.,N: |

# CíHuì Jí
## 词汇 集

### Qīnshǔ　Chēngwèi
### 亲属　称谓

| | | | |
|---|---|---|---|
| yéye<br>爷爷 | nǎinai<br>奶奶 | lǎolao<br>姥姥 | lǎoye<br>姥爷 |
| bàba<br>爸爸 | māma<br>妈妈 | bóbo<br>伯伯 | bómǔ<br>伯母 |
| shūshu<br>叔叔 | shěnzi<br>婶子 | gūgu<br>姑姑 | gūfu<br>姑父 |
| yífu<br>姨父 | yímā<br>姨妈 | jiùjiu<br>舅舅 | jiùmā<br>舅妈 |
| gēge<br>哥哥 | sǎozi<br>嫂子 | jiějie<br>姐姐 | jiěfu<br>姐夫 |
| dìdi<br>弟弟 | dìxí<br>弟媳 | mèimei<br>妹妹 | mèifu<br>妹夫 |
| érzi<br>儿子 | érxí<br>儿媳 | nǚér<br>女儿 | nǚxu<br>女婿 |
| sūnzi<br>孙子 | sūnnǚ<br>孙女 | gōnggong<br>公公 | pópo<br>婆婆 |
| yuèfù<br>岳父 | yuèmǔ<br>岳母 | | |

# 汉字 的 结构 H7: ⅃O: FO, JY: KO,

Hànzì de jiégòu jīběn kěyǐ fēnwéi sān zhǒng: shàngxià jiégòu、zuǒyòu
汉字 的 结构 基本 可以 分为 三 种: 上下 结构、左右

jiégòu hé bāowéi jiégòu, jué dàduōshù hànzì shǔyú shàngxià jiégòu hé zuǒyòu
结构 和 包围 结构,绝 大多数 汉字 属于 上下 结构 和 左右

jiégòu .
结构。

H7: ⅃O: FO, JY: KO, M., N: S., Xⴖ: JW, ∧.,: G: BO. JI; BO. JY: KO,

L∀; Y., L∀; ⅂. JY: KO, E. B∃., JY: KO,-.MY: MY: M., NY., G: BO. JI; BO. JY:

KO,BE., L∀; Y., L∀; ⅂. JY: KO, ∧=

**Liàn Yi Liàn**
练 一 练 ᴚ, NI.,

zuǒyòu jiégòu
**左右 结构**
L∀; Y., JY: KO,

míng

| 明 | 明 | 明 | 明 | 明 | 明 | 明 | 明 | 明 | 明 | 明 |

xiū

| 休 | 休 | 休 | 休 | 休 | 休 | 休 | 休 | 休 | 休 | 休 |

## 上下　结构

G: BO. JI; BO. JY: KO,

yán

岩 岩 岩 岩 岩 岩 岩 岩 岩 岩 岩

bǐ

笔 笔 笔 笔 笔 笔 笔 笔 笔 笔 笔

bāowéi jiégòu

## 包围　结构

E. BЭ., JY: KO,

guó

国 国 国 国 国 国 国 国 国 国 国

kùn

困 困 困 困 困 困 困 困 困 困 困

Wǒ chūnjié hòu bù huílái shàngbān le .
1. 我 春节 后 不 回来 上班 了。
ΛW., KO; XΠ: KU., TΛ: MI: M: YE.. L., O.,=

Nǐ yào bu yào zài xiǎng yí xià .
2. 你 要 不 要 再 想 一 下。
NU., ⅃I: ⅃ㄱ, DU: JW: SI: Λ.,=

Wǒ yào huíjiā zhàogù xiǎoháir .
3. 我 要 回家 照顾 小孩儿。
ΛW., LI: JE., SI. Z: NƆ, CO.. ⅃U.. ƆI.. Λ.,=

Huānyíng nín qù wǒ de jiāxiāng .
4. 欢迎 您 去 我 的 家乡。
NU., ΛW., NY, ⅃ㄱ. KW., K, LΛ., Λ.,=

Xīwàng yǒu jīhuì zài jiànmiàn .
5. 希望 有 机会 再 见面 。
FΛ, NYI., MO., LΛ: KO., W.. D., ZI.,=

Āpǔ : Jīnglǐ , wǒ chūnjié hòu bù huílái shàngbān le .
阿普：经理，我 春节 后 不 回来 上班 了。

A. ꓒU.. :GUƆ: XΠ:-ΛW., KO; XΠ: KU., TΛ: MI: M: YE.. L., O.,=

Jīnglǐ : Wèishénme ne ?
经理： 为什么 呢？

GUƆ:XΠ:: A., XΠ: Pㄱ. DU., Λ.,?

Āpǔ : Wǒ yào huíjiā zhàogù xiǎoháir.
阿普：我 要 回家 照顾 小孩儿。

**ꓮ.ꓒꓴ., : ꓥꓪ., ꓡꓲ: ꓙꓰ., ꓢꓲ. ꓜ: ꓠꓱ., ꓚꓳ.. ꓩꓴ.. ꓛꓲ.. ꓥ.,=**

Jīnglǐ: Nà nǐ dǎsuàn shénme shíhou zǒu?
经理：那 你 打算 什么 时候 走？

**ꓖꓴꓷ:ꓫꓵ: ꓠꓴ., ꓮ., ꓕ., ꓙꓰ.,ꓔꓳ; ꓥ.,?**

Āpǔ : Xià gè yuè.
阿普：下 个 月。

**ꓮ. ꓒꓴ., :ꓮ., ꓟꓶ., ꓕꓲ: ꓦ., ꓗꓳ; ꓔꓯ:=**

Jīnglǐ: Yǒu jīhuì zàijiàn.
经理：有 机会 再见。

**ꓖꓴꓷ:ꓫꓵ:: ꓝꓯ, ꓠꓬꓲ., ꓟꓳ., ꓡꓯ: ꓘꓳ., ꓪ.. ꓓ., ꓜꓲ.,=**

Āpǔ : Yídìng huì de. Huānyíng nín qù wǒ de jiāxiāng.
阿普：一定 会 的。 欢迎 您 去 我 的 家乡 。

**ꓮ. ꓒꓴ., : ꓮ., ꓡꓰ., ꓡꓰ. ꓓ., ꓠꓴ., ꓥꓪ., ꓠꓬ, ꓔꓶ. ꓗꓪ., ꓗ, ꓡꓯ., ꓥ.,=**

拓展　词汇ᏼᴧ..ᏦᎢ:ᏔᎱ:ᏃᏆ.,

| | | |
|---|---|---|
| 1. jìhuà | 计划 | ᎠᏌ:JᏔ: |
| 2. Zhōngqiūjié | 中秋节 | Ⅵ;Ⅴ.,ᎨᏆ..ᏔᎳ:ℕ丫Ꮥ..Pᴧ; |
| 3. Guóqìngjié | 国庆节 | KᏌᴧ; TᎢ..Pᴧ; |
| 4. Yuándàn | 元旦 | ᎢᎥ:Ⅴ.,ᎢᎥ:ℕᎥ..Pᴧ; |
| 5. Yuánxiāojié | 元宵节 | Ⅴ., ᏒᏌ., ᎨᎳ., ᴧᏔ: ℕ丫Ꮥ., |
| 6. Láodòngjié | 劳动节 | ᎷᎥ: ᎩᎬ., Ꭷ: ᎯᎢᎥ., ℕ: ℕ丫Ꮥ., |
| 7. Duānwǔjié | 端午节 | ᎠᏌᏯ.,ᏔᎱ.,Pᴧ; |
| 8. Huǒbǎjié | 火把节 | Sᴧ., Ꮑ., Pᴧ; |
| 9. kānhù | 看护 | ℕ丫Ꮥ,JᏔ., |
| 10. zhàokàn | 照看 | ℕ丫Ꮥ,JᏔ., |
| 11. lǎorén | 老人 | ᎫᎧ.,ᎷᎧ: |
| 12. bìngrén | 病人 | ᎫᎧ.,ℕ., |
| 13. zhǎngbèi | 长辈 | ᏔᎱ:SᏌ., |

# 15 JiùCān
## 就餐
**Z.,Z:**

Fúwùyuán, diǎn cān.
1. 服务员 , 点 餐。
YƷ: Z.. SU., Z: X∩: DO., X∩: N, NI..=

Qǐng wèn, dōu yǒu shénme cài?
2. 请 问 , 都 有 什么 菜?
A. X∩: O: ɗY: JO., L.?

Jiézhàng.
3. 结账 。
ɗU., Bㄱ.,=

Wǒ yào dǎbāo zhège cài.
4. 我 要 打包 这个 菜。
ɅW., O: ɗY: ㄱƷ, M., TɅ, LI; JE, TO;=

Máfan shàng cài kuài yìdiǎn.
5. 麻烦 上 菜 快 一点。
O: ɗY: A. MI. TɅ, L.,=

Zài wàimiàn cānguǎn chī fàn
在 外面 餐馆 吃饭

**Z.,Z:Tㄱ.KW..Z.,Z:**

Āpǔ : Fúwùyuán, diǎn cān.
阿普: 服务员 , 点 餐。

**A.ɗU., : YƷ: Z.. SU., Z: X∩: DO., X∩: N, NI..=**

Fúwùyuán: Yígòng jǐ wèi?
服务员：一共 几 位？

YƷ: Z.. SU..: A: JՈ: LI. A.. MY.. RO..?

Āpǔ : Sān wèi, dōu yǒu shénme cài?
阿普：三 位，都 有 什么 菜？

A.dU., : S; RO..-. A. XՈ: O: ɗY: JO., L.?

（Fúwùyuán bào le càimíng.）
（ 服务员 报 了 菜名。）

（YƷ: Z.. SU.. O: ɗY: MI.. BѦ.. GꞀ: L., W..=）

Āpǔ : Yí fèn fānqiéjīdàn、yí fèn tǔdòusī、yí fèn làjiāochǎoròu、sān wǎn
阿普：一 份 番茄鸡蛋、一 份 土豆丝、一 份 辣椒炒肉 、三 碗
mǐfàn hé yí fèn tāng.
米饭 和 一 份 汤。

A.dU., : ΛW., NU: NY..GW., SꞀ: Ᏸ. Ո.. Ꞁ: KꞀ.-. H: BI; LƷ. L. M.. Ꞁ: KꞀ.-. Z.,

S., KꞀ. ᏴE.. YI. O: RՈ., Ꞁ: KꞀ.-.=

Fúwùyuán: Hǎo de, qǐng shāo děng.
服务员：好 的，请 稍 等。

YƷ: Z.. SU..: Λ., W..-.ꞀE: ꞀꞀ, LO. NY, SE;=

## 等待　时间 太久

LO..NY,M⅂..XՈ..LI..O..

Āpǔ : Máfan shàng cài kuài yìdiǎnr .
阿普：麻烦　上 菜 快 一点儿。

A.dU., : O: dY: A. MI. TⱯ, L.,=

Fúwùyuán: Hǎo de , wǒ qù cuī yí xià .
服务员：好 的，我 去 催 一 下。

YƎ: Z.. SU..:ɅW., NI, ⅃., A. MI. TⱯ, L., BⱯ.. G⅂: NI..=

## 吃 完 饭

Z.,Z:GU.,LI.,K.NⱯ.=

Āpǔ : Wǒ yào dǎbāo zhège cài .
阿普：我 要 打包 这个 菜。

A. dU., : ɅW., O: dY: ⅂Ǝ, M., TⱯ, LI; JE., TO;=

Fúwùyuán: Hǎo de .
服务员：好 的。

YƎ: Z.. SU..: Ʌ., Ɔ.,=

Āpǔ : Jiézhàng .
阿普：结账 。

A.dU., : dU., B⅂.,=

Fúwùyuán: Yígòng sānshí kuài qián .
服务员：　一共　30　块 钱。

YƎ: Z.. SU..: S., ⅃I., PⱯ: G⅂: L..=

| | | |
|---|---|---|
| 1. tèsè | 特色 | CI. ƆY: LI: JW, M.. |
| 2. hūncài | 荤菜 | HW: |
| 3. sùcài | 素菜 | O:PY: |
| 4. chǎofàn | 炒饭 | L∃.Z., |
| 5. jiǎozi | 饺子 | CO..FI.. |
| 6. húntun | 馄饨 | HW:BY: |
| 7. miàntiáo | 面条 | Z.,H˥: |
| 8. zhōu | 粥 | Z.,ɖ;L; |
| 9. tāng | 汤 | H. |
| 10. qīngcài | 青菜 | O:ɖY:NI,Ɔ∩; |

## CíHuì Jí
# 词汇集

### Wèidào
## 味道

| | | | |
|---|---|---|---|
| suān<br>酸 | tián<br>甜 | kǔ<br>苦 | là<br>辣 |
| xián<br>咸 | má<br>麻 | xiān<br>鲜 | xiāng<br>香 |

# 16

## Gòu Wù
## 购 物
ㄍ‥ㄦːWUˊ‥ㄥ‚

1. Zhèlǐ mài yīfu ma?
   这里 卖 衣服 吗?
   ㄓㄝ‚ KW‥ ㄅㄋˊ‚ ㄐㄧ: ㄐㄛ‚ ㄇ: ㄐㄛ‚?

2. Wǒ xiǎng mǎi jiàn yīfu .
   我 想 买 件 衣服。
   ㄣW‚ ㄅㄋˊ‚ ㄐㄧ: ㄌㄧ: ㄎㄛ, WU‥ ㄋㄧ, ㄒㄇ‥=

3. Yīfu fàng zài nǎr ?
   衣服 放 在 哪儿?
   ㄅㄋˊ‚ ㄐㄧ: ㄇ‚ ㄚ‥ KW‥ ㄉ. ㄌ.?

4. Kěyǐ dǎzhé ma?
   可以 打折 吗?
   ㄌㄧ: ㄎㄋ: ㄈㄝ‚ ㄇ: ㄉ‚?

5. Qù ménkǒu de shōuyíntái fù qián.
   去 门口 的 收银台 付钱。
   ㄎ, ㄎㄋ: ㄉㄧ; ㄉㄩ‥ ㄅㄋˊ‚ ㄊㄋ. KW‚, ㄉㄩ‥ ㄅㄋˊ‚ ㄚㄝ‚=

Zài Chāoshì gòu wù
**在 超市 购物**
ㄥ‚ㄦːWUㄥ,ㄌㄋ.KW‚,ㄋㄚ,

Āpǔ : Zhèlǐ mài yīfu ma?
阿普: 这里 卖 衣服 吗?

A. ㄉㄩ‚, : ㄓㄝ‚, KW‥ ㄅㄋˊ‚, ㄐㄧ: ㄐㄛ‚, ㄇ: ㄐㄛ‚,?

Dǎogòuyuán: Yǒu.
导购员: 有。

HO: WU., SU..: JO., Λ.,=

Āpǔ: Wǒ xiǎng mǎi jiàn yīfu.
阿普: 我 想 买 件 衣服。

A.dU., : ΛW., Bꓶ., ꓝl: ꓵꓔ ꓘO, WU.. NI, Xꓵ..=

Dǎogòuyuán: Nǐ yào mǎi shénmeyàng de?
导购员: 你要买 什么样 的?

HO: WU., SU..:A.. LI.. T. Xꓵ: NI, Xꓵ.. ?

Āpǔ: Yǒu hóngsè de chènshān ma?
阿普: 有 红色 的 衬衫 吗?

A. dU.,:B., ꓝl: SI: SI: Xꓵ: JW, M: JW,?

Dǎogòuyuán: Zhǐ shèng huángsè de le.
导购员: 只 剩 黄色 的 了。

HO: WU., SU..:YI. Xꓵ.. ꓝl.. M.. JO., W..=

Āpǔ : Nà jiù huángsè de ba . Duōshǎo qián?
阿普：那 就 黄色 的 吧。 多少 钱？

A. dU.,:G⅂., B∀.. YI. X∩.. M.. NU..=A.. MY.. d∀;?

Dǎogòuyuán：èrshí .
导购员： 二十。

HO: WU., SU.. : NI: ⅃I., d∀;=

Āpǔ : Kěyǐ dǎzhé ma?
阿普： 可以 打折 吗？

A. dU., :⅃I: K⅂: ⱯE., M: D.,?

Dǎogòuyuán: Yǐjīng dǎ guò zhé le .
导购员： 已经 打 过 折 了。

HO: WU., SU.. : YI. dU: ⱯE., GU., W..=

Āpǔ : Qù nǎr fù qián?
阿普： 去 哪儿 付 钱？

A.dU., :A.. KW.. JE.. SI. YI. dU: B⅂., YI..?

Dǎogòuyuán: Qù ménkǒu de shōuyíntái fù qián.
导购员： 去 门口 的 收银台 付 钱。

HO: WU., SU.. : K, K⅂: dI; dU.. B⅂., T⅂. KW., dU.. B⅂., YE.,=

| 1. guō | 锅 | A.LU: |
| 2. wǎn | 碗 | A.K˥. |
| 3. pén | 盆 | Y:d: |
| 4. tǒng | 桶 | B∀:⊥U: |
| 5. sháozi | 勺子 | A. dI: L; GO. |
| 6. kuàizi | 筷子 | A. JU‥ |
| 7. dāo | 刀 | A.⊥: |
| 8. kuān | 宽 | VI‥ |
| 9. zhǎi | 窄 | ZE, |
| 10. qīng | 轻 | LO., |
| 11. zhòng | 重 | LI: |
| 12. cháng | 长 | X∩‥ |
| 13. duǎn | 短 | DU. |
| 14. jǐn | 紧 | T˥‥ |
| 15. sōng | 松 | WO:L∀., |
| 16. xiǎo | 小 | YO., |
| 17. zhōng | 中 | E.MO, |
| 18. dà | 大 | WU: |

[ 附 ]

# CíHuì Jí
# 词汇 集 ꓐꓯ.,ꓘꓶ:ꓐꓱ.,

## Yánsè
## 颜色
## ꓬꓲ.ꓞꓲ;

| | | | |
|---|---|---|---|
| hóngsè<br>红色<br>ꓢꓲ:ꓢꓲ: | chéngsè<br>橙色<br>ꓫꓵ..ꓡꓲ.ꓤ: | huángsè<br>黄色<br>ꓬꓲ.ꓫꓵ.. | lǜsè<br>绿色<br>ꓠꓲ,ꓛꓵ; |
| qīngsè<br>青色<br>ꓠꓲ,ꓛꓲ; | lánsè<br>蓝色<br>ꓒꓬꓳ.ꓡ: | zǐsè<br>紫色<br>ꓠꓯ., ꓛꓵ: | hēisè<br>黑色<br>ꓠꓯ..ꓔꓶ; |
| báisè<br>白色<br>ꓠꓯ.. ꓓꓶ: | fěnsè<br>粉色<br>ꓒꓴ.,ꓢꓲ,ꓤ: | zōngsè<br>棕色<br>ꓫꓵ.ꓢꓴ,ꓟꓴ.. | huīsè<br>灰色<br>ꓟꓯ. ꓟꓯ. |

## Shēnghuó Yòngpǐn
## 生活 用品
## ꓞꓳ.,ꓙꓳ.,ꓤꓱ:ꓓꓴ.,

| | | | |
|---|---|---|---|
| féizào<br>肥皂<br>ꓞꓴꓳ.ꓑꓬꓳ. | xiāngzào<br>香皂<br>ꓞꓴꓳ.ꓑꓬꓳ. | mùyùlù<br>沐浴露<br>ꓖꓳ.,ꓓꓱ:ꓞꓲ:ꓓꓴ., | xǐfàlù<br>洗发露<br>ꓳ.ꓓꓴ.,ꓞꓲ:ꓓꓴ., |
| yáshuā<br>牙刷<br>ꓢꓲ:ꓛꓲ..ꓛꓲ.ꓓꓴ., | yágāo<br>牙膏<br>ꓢꓲ:ꓛꓲ..ꓞꓳ.ꓠꓯ..ꓞꓲ; | shūzi<br>梳子<br>ꓳ.ꓑꓶ. | máojīn<br>毛巾<br>ꓒꓲ:ꓟꓬ..ꓢꓲ,ꓓꓴ., |
| liàngyījià<br>晾衣架<br>ꓐꓶ.,ꓞꓲ:ꓥꓳ..ꓓꓴ., | wèishēngzhǐ<br>卫生纸<br>ꓕꓳ:ꓶ:ꓛꓰ. | shuǐbēi<br>水杯<br>ꓰ.. ꓙꓬ.. ꓓꓳ., ꓕꓴ: | kǒuzhào<br>口罩<br>ꓟꓶ: ꓠꓶ., ꓕꓴ. ꓓꓴ., |
| yǔsǎn<br>雨伞<br>ꓘꓳ, ꓙꓱ: | tuōbǎ<br>拖把<br>ꓦꓲ., ꓛꓵ. ꓓꓴ., | sàozhou<br>扫帚<br>ꓢꓲ, ꓙꓱ.. | xǐyīfěn<br>洗衣粉<br>ꓐ., ꓞꓲ: ꓞꓲ: ꓓꓴ., |

Jīdàn zěnme mài de?
1. 鸡蛋 怎么 卖 的?
A. B. ꓵU.. M.. A.. LI.. WU:?

Néng zài piányi diǎnr ma?
2. 能 再 便宜 点儿 吗?
ꓔI: ꓘꓶ: ꓱE, M: D.,?

Gěi wǒ tiāo dà diǎnr de.
3. 给 我 挑 大 点儿 的。
ΛW., LΛ. A. DΛ. WU: Xꓵ: SI., O:=

Wǒ yào shí kuài qián de jīdàn.
4. 我 要 十 块 钱 的 鸡蛋。
=.,ꓥ ΛW., NY., A. B. ꓵU. ꓱI. LM: dU: NU., Λ.,=

Yǒu xīnxiān de qíncài ma?
5. 有 新鲜 的 芹菜 吗?
A: ꓘꓕ Jꓵ, Xꓵ: JW, M: JW,?

Zài càishìchǎng mǎi cài
**在 菜市场 买菜**
O: dY: WU: ꓔꓕ. KW., O: dY: WU.,

Āpǔ : Jīdàn zěnme mài de?
阿普:鸡蛋 怎么 卖 的?
A.dU., : A. B. ꓵU .. M .. A.. LI.. WU:?

Shāngfàn: Sì kuài yì jīn.
商贩：四 块 一 斤。

ገ.， ꓤ: WU: SU.,: LI., M⅂: ⅂I: Cꓵ.=

Āpǔ : Néng zài piányi diǎnr ma?
阿普：能 再 便宜 点儿 吗？

A. dU., : ⅂I: ꓘ⅂: ꓮꓞ., M: D.,?

Shāngfàn: Yǐjīng hěn piányi le .
商贩：已经 很 便宜 了。

ገ.， ꓤ: WU., SU.,: ꓮ: ꓘ⅂, ⅂ꓮ: ꓥU., W..=

Āpǔ : Wǒ yào shí kuài qián de .
阿普：我 要 十 块 钱 的。

A.dU., : Gገ., ꓐꓯ, ꓥW., ⅂F., M⅂: dU: NU.. ꓥ.,=

Mǎi wán jīdàn zhīhòu
买 完 鸡蛋 之后

:ꓯ⅂,ꓵꓞ..WU.,GU.,⅂ꓯ.ꓐꓯ

Āpǔ : Yǒu xīnxiān de qíncài ma?
阿普：有 新鲜 的 芹菜 吗？

A.dU., : ꓮ: ꓘገ. Jꓵ, Xꓵ: JW, M: JW,?

Shāngfàn: Yǒude.
商贩： 有的。

ㄱ.，ㄐ: WU: SU.,: JW, ∧=

Āpǔ : Duōshǎo qián yì jīn?
阿普： 多少 钱 一 斤？

A.dU., :A.. NY., Mㄱ: ㄐI: C∩. ∧.,?

Shāngfàn: Sān kuài.
商贩： 三 块。

ㄱ.，ㄐ: WU., SU., : S., Mㄱ:=

Āpǔ : Gěi wǒ lái liǎng jīn.
阿普： 给 我 来 两 斤。

A.dU., : ∧W., T∧., NYI., C∩. WU: L∧.,=

| | | |
|---|---|---|
| 1. yādàn | 鸭蛋 | ∧, ㄏU.. |
| 2. guì | 贵 | ∧N.dU:N∧. |
| 3. shuǐguǒ | 水果 | Sㄱ,Sㄱ: |
| 4. kè | 克 | YI.LO: |
| 5. gōngjīn | 公斤 | NYI:JI., |
| 6. liǎng | 两 | LO: |
| 7. shòuròu | 瘦肉 | HW:N∧; |
| 8. féiròu | 肥肉 | HW:Fㄱ., |
| 9. páigǔ | 排骨 | HW:O:DO., |

090

# CíHuì Jí
## 词汇 集 ＢＡ.,Ｘꓶ:Ｂꓱ.,

### Shēngxiān  Guǒshū
### 生鲜　　果蔬
### ＳＡ.Ｘꓵ:ＳꓶＬＳꓶ:Ｏ:ｄＹ:

| | | | |
|---|---|---|---|
| làjiāo<br>辣椒<br>Ｌ,Ｚꓶ; | jiǔcài<br>韭菜<br>ＧＯ;ꓞＯ.., | dòujiǎo<br>豆角<br>ＮＯ.,ＳＥ: | qiézi<br>茄子<br>Ｈꓶ:ＫＯ, |
| luóbo<br>萝卜<br>Ｏ:ＯＣ.. | xīhóngshì<br>西红柿<br>ＧＷ.,Ｓꓶ: | tǔdòu<br>土豆<br>Ｈꓶ:Ｂꓲ., | báicài<br>白菜<br>Ｏ:ｄＵ.. |
| yángcōng<br>洋葱<br>Ｈꓶ:ＯＯ. | shānyào<br>山药<br>ＬＭꓶ: | nánguā<br>南瓜<br>Ａ.ｄＵ. | huángguā<br>黄瓜<br>Ａ: ＰＵ., |
| dōngguā<br>冬瓜<br>ｄＵ: | suàn<br>蒜<br>.ＥꓞᴎＭＫ. | cōng<br>葱<br>.Ｏꓞ. | jiāng<br>姜<br>ＯＣ:ｄꓲ: |
| yángròu<br>羊肉<br>Ａ.ＯＣ;ＨＷ:Ａ. | zhūròu<br>猪肉<br>Ａ.ＶＥ;ＨＷ: | niúròu<br>牛肉<br>Ａ.Ｎꓲ:ＨＷ: | jīròu<br>鸡肉<br>Ａ.Ｂ.ＨＷ: |
| píngguǒ<br>苹果<br>ｄꓲ: ＫＯ., | júzi<br>桔子<br>Ｓꓶ, Ｓꓶ: | lízi<br>梨子<br>Ｘꓵ: ꓪＣ., | xīguā<br>西瓜<br>ｄＵ: Ｚꓲ: |

## Zū Fáng
# 18 租 房
### VI.,KO,ΛW.

Wǒ xiǎng zū yì jiān fángzi.
**1.** 我 想 租 一 间 房子。
ΛW., NY., VI., ꓘO, ꓕI: KO, ΛW. NI, Xꓵ.. Λ.,=

Yào yǒu jiājù, zuìhǎo yǒu chúfáng.
**2.** 要 有 家具，最好 有 厨房。
VI., KW., ꓴƎ: DU., Z., J. Tꓶ. JW, BΛ., A: ꓘꓶ. ZO:=

Fángzū yí gè yuè duōshǎo qián?
**3.** 房租 一个 月 多少 钱？
VI., ꓘO, ΛW. dU: V., B., ꓕI: M.. Λ.. NY.. Λ.,?

Chángzū kěyǐ piányi ma?
**4.** 长租 可以 便宜 吗？
Mꓶ.. Y., ΛW. ꓕ: E. dU: A. DΛ. ꓕE., LΛ.?

Shénme shíhou kěyǐ rùzhù?
**5.** 什么 时候 可以 入住？
A., ꓕ: NY, D., Λ.,?

Āpǔ : Wǒ xiǎng zū yī jiān fángzi .
阿普：我 想 租 一 间 房子。

A.dU., : ΛW., NY., VI., ꓘO, ꓕI: KO, ΛW. NI, Xꓵ.. Λ.,=

Fángdōng: Nǐ xiǎng zū shénmeyàng de ?
房东：你 想 租 什么样 的？

VI., ΛW.-O: SU.,: NU., A.. LI.. Xꓵ: M.. ΛW. NI, Xꓵ., L.?

Āpǔ : Yào yǒu jiājù , zuìhǎo yǒu chúfáng.
阿普: 要 有 家具 , 最好 有 厨房。

A. dU., :VI., KW., ꙨƷ :DU., Z., J. ꃛ�89. JW, Bꓥ., A: ꀗꀎ. ZO:=

Fángdōng: Jiājù dōu yǒu, chúfáng kěyǐ gòng yòng .
房东: 家具 都 有 , 厨房 可以 共 用。

VI.,ꓥW.-O:SU., : VI., KW., ꙨƷ :DU., JW, ꓥ.,-.Z., J. ꃛꈖ. M., A: ꀇꈖ ꀇꇤ LI,-A..

ZꙨ: ꓥ.,=

Āpǔ : Yí gè yuè duōshǎo qián?
阿普: 一 个 月 多少 钱?

A.dU., : VI., ꀗO, ꓥW. dU: V., B., ꀇꇤ M.. A.. NY.. ꓥ.,?

Fángdōng: Sìbǎi , sān gè yuè qǐ zū , yào yāyīfùsān .
房东: 四百 , 三 个 月 起租 , 要 押一付三。

VI.,ꓥW.-O:SU.,: LI. V., Mꃛ:-. V., B., S.. M.. ꈖI. NY; BO. ꓥW.-O:=ꀇꀇ ꌦU. V: V,

S.. ꌦU. Bꃛ., ꓥ.,=

Āpǔ : Chángzū kěyǐ piányi ma?
阿普: 长租 可以 便宜 吗?

A.dU., : Mꃛ.. Y., ꓥW. ꓕ: E. dU: A. Dꓥ. ꓩꙨ, ꇤꓥ.?

Fángdōng: Zū yì nián kěyǐ piányi bābǎi.
房东： 租 一 年 可以 便宜 八百。

VI., ΛW.-O: SU.,: ⊥I: KO; ΛW. ⊥: VE; V.. M⅂: ⅉE., Λ.,=

Āpǔ : Shénme shíhou kěyǐ rùzhù?
阿普： 什么 时候 可以 入住？

A.dU., : A., ⊥: NY, D., Λ.,?

Fángdōng: Suíshí kěyǐ bān jìnlái.
房东： 随时 可以 搬 进来。

VI., ΛW.-O: SU.,: A.. ⊥: LI. NY, L., D., ΛO.,=

| 1. duǎnzū | 短租 | ⊥I:CI.ΛW. |
| 2. zūjīn | 租金 | ΛW.dU: |
| 3. yājīn | 押金 | N:dU: |
| 4. chuáng | 床 | E;D.,T⅂. |
| 5. yīguì | 衣柜 | B.,ⅉI:K⅂.,DU., |
| 6. cānzhuō | 餐桌 | Z.,Z;T⅂. |
| 7. yǐzi | 椅子 | NY,D.,T⅂. |
| 8. wòshì | 卧室 | E; T. T⅂. |
| 9. wèishēngjiān | 卫生间 | SI: XY., BE., |
| 10. ānjìng | 安静 | M;WO, |
| 11. gānjìng | 干净 | XY.,XY, |

# CíHuì Jí
## 词汇 集 B▼.,ʞ˥:B3.,

### Jiāyòng Diànqì
## 家用 电器
### VI.,ʞU:J; Z3:DU.,

| | | | |
|---|---|---|---|
| kōngtiáo<br>空调<br>MI:VI.,W..DU., | bīngxiāng<br>冰箱<br>NYI.,ʞU.. ʞ, ˥˥. | diànshìjī<br>电视机<br>D▼.,XՈ,CI | xǐyījī<br>洗衣机<br>E.ʞ˥.ɟI:DU., |
| diàncílú<br>电磁炉<br>Z:XՈ.ɟ..DU., | wēibōlú<br>微波炉<br>Z:Z.,ɟ.,DU., | diànrètǎn<br>电热毯<br>J;ɟ:.ʞO:DU.,; | diànfēngshàn<br>电风扇<br>MI.,VI.,MU.,DU., |
| yóuyānjī<br>油烟机<br>HW:ɟ˥.,MU:ʞU:NE:DU., | diànfànguō<br>电饭锅<br>Z.,C.DU., | diànrèshuǐqì<br>电热水器<br>E.ɟ.ɟ..DU., | diànshuǐhú<br>电水壶<br>E.,. ɟ.. ɟ.. TU: |

1. Qǐng wèn, dùzi bù shūfu kàn nǎgè kē?
请 问，肚子 不 舒服 看 哪个 科？
VI; M., N., NY.. A.. KW.. NI.. A.,?

2. Nǐ yào xiān bàn jiùzhěnkǎ hé bìnglìběn.
你 要 先 办 就诊卡 和 病历本。
NU.. N: N., NI.. dⱯ. BE., N., NI.. ⱢO: Ⅎ: HⱢ. ⱢⱯ: X, YE.,=

3. Kāi diǎn yào chī jiù kěyǐ le.
开 点 药 吃 就 可以 了。
NA.. Ⅎl; A. ⱢⱯ. Z: KⱢ, D., O.,=

4. Zhège yào yǒu shénme jìkǒu ma?
这个 药 有 什么 忌口 吗？
NA Ⅎl: Ɫl M Z: Ɫ: Z: M: D XⴖW, M: JW,=

5. Duō chī qīngdàn de.
多 吃 清淡 的。
Ⅎl, M.. Z: XⴖW: DO.., XⴖW: Ɫ;Z:=

#### Lái dào yīyuàn
#### 来 到 医院

N.,X,Vl.,W..L.,W..

Āpǔ : Qǐng wèn, dùzi bù shūfu kàn nǎ gè kē?
阿普： 请 问，肚子 不 舒服 看 哪 个 科？

A. ᗡU.,:Vl; M., N., NY.. A.. KW.. NI.. A.,?

Dǎoyī: Nèikē. xiān qù bàn jiùzhěnkǎ hé bìnglìběn.
导医：内科。先去办 就诊卡 和 病历本。
N., HO: NI.. SU.,: NE, ꀳO..=NU., N: NU.. N: N., NI.. dꃴ. BE, N., NI.. ꀱO: ꀉ:
Hꆈ. ꀱꃴ: X, YE.,=

Āpǔ : Zài nǎlǐ kěyǐ bàn?
阿普：在 哪里 可以 办？
A.dU., : A.. LI.. KW.. X,?

Dǎoyī: Guàhàochù.
导医： 挂号处 。
N., HO: NI.. SU.,: Nꝰ., dU., ꀱꆈ. KW.,=

( Guà hǎo hào hòu lái dào nèikē )
( 挂 好 号 后 来 到 内科 )
( Nꝰ.,dU.,B.,L.,NY..NE.ꀳO..W..L.,W..= )

Hùshì: Xiān shuā jiùzhěnkǎ páihào.
护士：先 刷 就诊卡 排号。
N.. CO.. ꆐU.. SU..: N., NI.. dꜰ. H. ꆅ, SI. YI. Jꆐ. VU.. NY, Lꝰ.=

( Shuākǎ hòu )
( 刷卡 后 )
( Nꝰ.,NI..dꜰ.ꆅ,B.,L.,Nꝰ.. )

Hùshi：Nǐ shì shísì hào, zài dì-yī zhěnshì.

护士：你 是 十四 号，在 第一 诊室。

N.. CO.. ΓΠ.. SU..: NU., ꓫ., LI. RO.. KO., RO.. M.. VΛ..-. N., VI., YI: WU. ꓕI: M..

V., M,=

（Kànbìng）

（ 看病 ）

（N..XY, ）

Yīshēng: nǎr bù shūfu ?

医生：哪儿 不 舒服？

N., X, d: NU., Lꓦ. A.. KW.. N, Z,?

Āpǔ：Wǒ dùzi téng.

阿普：我 肚子 疼。

A.dU., : ΛW., VI; M., N., W..=

（Yīshēng jiǎnchá hòu）

（ 医生 检查 后 ）

（Nꓦ., ꓫ; SI., d: Ɔ: GU., ꓕ:）

Yīshēng: Yǒu diǎnr xiāohuà bù liáng, kāi diǎnr yào chī jiù kěyǐ le.

医生：有 点儿 消化 不 良，开点儿 药 吃 就 可以 了。

N.,X,d: HE., M., A. Dꓦꓦ. Dꓶ, BƐ., Nꓦꓦ.. ꓫ; A. Tꓦꓦ. Z: Kꓶꓵ., ꓕ: D., O.,=

*yàodiàn mǎi yào*

## 药店 买药

NA., ꆙ; VI., KW., NA., ꆙ; WU.,

Āpǔ : Wǒ xiǎng mǎi diǎn zhù xiāohuà de yào.
阿普：我 想 买点 助 消化 的 药。

A.dU., : ΛW., NY., VI; M., M: TꆁL., NA.. ꆙ; WU., DO; Λ.,=

Yàoshī: Gěi, yì tiān sān cì, yí cì liǎng piàn.
药师：给，一天 三次，一次 两 片。

N.,X,SI.,d: NA.. ꆙ; ꓕꓱ, M., ꓕI: NI., S., D:-. ꓕI: D: NI: dY,=

Āpǔ : Zhè yào yǒu shénme jìkǒu ma?
阿普：这 药 有 什么 忌口 吗？

A.dU., :NA ꆙ: ꓕI M Z: ꓕ: Z: M: D Xꓵ: JW, M: JW,=?

Yàoshī: Jì xīnlà, duō chī qīngdàn de.
药师：忌辛辣，多 吃 清淡 的。

N.,X,SI.,d:A: ꓘꓶ. B., M., ꓕ: Z: -.ꆙ, M.. Z: Xꓵ: DO., Xꓵ: ꓕ;Z:=

1. wàike 外科 ＷＡ, ＫＯ.

2. hùshizhàn 护士站 Ｎ.,ＣＯ.,ＪＵ.,ＳＵ.,

3. fúwùzhàn 服务站 Ｏ: ＨＪ., Ｎ: ＬＪ.

4. jízhěn 急诊 ＬＪ..ＮＩ..Ｆ:Ｆ

5. zhùyuàn 住院 Ｎ:Ｘ, ＹＩ.,Ｔ.ＪＮ.,

6. shǒushù 手术 Ａ.Ｔ.Ａ ＬＫ:

7. gǎnmào 感冒 Ｆ.:Ｌ.Ｔ:Ｎ.,

8. fāshāo 发烧 ＨＷ:ＮＡ.ＣＵ.,Ｆ.,

9. yùfáng 预防 Ｅ.Ｎ., Ｇ:ＦＩ:

10. zhǐtòngyào 止痛药 Ｎ., Ｇ: ＮＡ., ＦＩ;

11. xiāoyányào 消炎药 Ｍ: Ｏ., ＮＡ., ＦＩ;

# CíHuì Jí
## 词汇 集 ,ᴈ:ʃ̣ᴧ,

### Shēntǐ Bùwèi Jí Qìguān
## 身体 部位 及 器官
### GO..Kᴈ:GO..MI..

| | | | |
|---|---|---|---|
| tóu<br>头<br>O.DU., | yǎnjing<br>眼睛<br>MY.,Sɒ: | ěrduo<br>耳朵<br>N.PO.. | bízi<br>鼻子<br>N..Bᴈ, |
| yáchǐ<br>牙齿<br>SI:ɔI., | xīnzàng<br>心脏<br>NI,M., | shǒu<br>手<br>Lᴧ:ᴧ, | wèi<br>胃<br>VI;M.. |
| jiānbǎng<br>肩膀<br>Lᴧ;XE., | bózi<br>脖子<br>Kʔ.CI. | tuǐ<br>腿<br>ɔI..JU; | yāo<br>腰<br>JI: FI. |
| xīgài<br>膝盖<br>ɔI..FI.K.Tʔ | jiǎo<br>脚<br>ɔI..ᴧp, | xiōng<br>胸<br>O..Mʔ; | liǎn<br>脸<br>dʏ:MY.. |
| zuǐ<br>嘴<br>ʃᴧ.,ʃᴧ, | hóulóng<br>喉咙<br>Lᴧ., BI., | shétou<br>舌头<br>L., ɔʃ., | hòubèi<br>后背<br>G., Nᴧ.,ᴋu., |

1. Wǒ xiǎng bàn zhāng yínhángkǎ.
   我　想　办　张　银行卡。
   ⴸW., dU., RU., dU., N: dⴸ. ⴶI: dⴸ. X,=

2. Nín kěyǐ zài zìdòngqǔkuǎnjī qǔ qián.
   您 可以 在 自动取款机 取 钱。
   NU.. JE., SI. CI. ⴽY: dU.. RU., dU.. N: Tⴹ. KW., X, YE.,=

3. Qǐng shūrù nín yào zhuǎnzhàng de jīn'é.
   请 输入 您 要　转账　的 金额。
   NU.. A., MY., FW., M., YI. Nⴸ. NI. ⴹU., Kⴹ.,=

4. Qǐng shūrù mìmǎ.
   请 输入 密码。
   MI. M., NI. ⴹU.,=

5. Àn lǜsè de quèrènjiàn jiù kěyǐ le.
   按 绿色 的　确认键 就 可以 了。
   NI, ⴽN; M., NI. Kⴹ., ⴶ: D.,_O..=

Lái dào yínháng
来 到 银行

dU.. RU.. dU.. N: Tⴹ. ⴽI.,

Gōngzuò rényuán: Qǐng wèn, nín yào bàn shénme yèwù?
工作 人员：请 问，您 要 办 什么 业务？

MI: YE, SU.,: NU., A. Xⴺ: X, ⴸ?

102

Āpǔ : Wǒ xiǎng bàn zhāng yínhángkǎ.
阿普： 我 想 办 张 银行卡。

A.dU.,  :  ΛW.,  dU.,  RU.,  dU.,  N:  dⱯ.  ꞀI:  dⱯ.  X,=

Gōngzuò rényuán： Xiān děngdài jiàohào.
工作 人员： 先 等待 叫号。

MI:  YE.,  SU.,:  NU.,  LⱯ.,  KU.,  DU.,  M.,  LO..  NⱯ,=

Āpǔ : Hǎo de.
阿普： 好 的。

A.dU.,  :  Λ.,  LE.,=

Zài réngōng chuāngkǒu bànlǐ yínhángkǎ
在 人工 窗口 办理 银行卡
YI.dI;KW.,dU.,RU.,dU.,N:dⱯ. X,

Gōngzuò rényuán： Qǐng chūshì nín de shēnfènzhèng.
工作 人员： 请 出示 您 的 身份证。

MI:  YE.,  SU.,  :  NU.,  Sꞁ.  ꞀE,  ZE,  M.,  M.  O:  LⱯ.,=

Āpǔ : Gěi.
阿普： 给。

A.dU.,  :  KO:  NI.,=

Gōngzuò rényuán : Nín xūyào shèzhì yī gè liùwèishù de mìmǎ.
工作 人员：您 需要 设置 一 个 六位数 的 密码。

MI: YE, SU.,: NU., MI. M., ƆC: M. X, ſU.,=


Āpǔ : Shè hǎo le .
阿普：设 好 了。

A.dU., : X, X; KU.,=


Gōngzuò rényuán : Nín de yínhángkǎ, qǐng shōu hǎo.
工作 人员：您 的 银行卡，请 收 好。

MI:YE.,SU.,: NU., dU., RU., dU., N: dⱯ. M., RU., X: GE.,=


Āpǔ : Hǎo de . Qǐng wèn, cún qǔ qián zài nǎer bàn?
阿普：好 的。请 问，存 取 钱 在 哪儿 办？

A.dU., : Λ,= dU., RU., dU., N: dⱯ. A., LE, X, Λ=?


Gōngzuò rényuán : Kěyǐ zài chuāngkǒu, yě kěyǐ zài zìdòng qǔkuǎnjī（ATM）
工作 人员：可以 在 窗口，也 可以 在 自动 取款机（ATM）

cún qǔ qián.
存 取 钱。

MI: YE, SU.,: D., O.,-.CI. ƆY: dU.. RU., dU.. N: T⅂. KW., X, YE.,=


lái dào ATM qián
来 到 ATM 前
ATM dU.,RU.,dU.,N:T⅂. ƆI.,


Āpǔ : Qǐng wèn, zìdòngqǔkuǎnjī zěnme yòng?
阿普：请 问，自动取款机 怎么 用？

A.dU., : CI, ƆY; dU., RU., dU., N: DU., M., A., LE, ꓤUI: Λ.,?


Gōngzuò rényuán : Nín xiān chā kǎ.
工作 人员：您 先 插 卡。

MI: YE, SU.,: H⅂. ⊥., SI.. dU., RU., dU., N: dⱯ. YI. ꓘU: K⅂., K⅂.,=


Āpǔ : Hǎo le .
阿普：好 了。

A.dU., : Λ, O.,=


Gōngzuò rényuán : Shūrù mìmǎ, zài xuǎn nín yào bàn de yèwù .
工作 人员：输入 密码，再 选 您 要 办 的 业务。

MI: YE, SU.,: MI. M., NI. ſU., K⅂., SI. A., LI., X, DU., JW: M., X,=

Āpǔ : Wǒ yào zhuǎn qián.
阿普: 我 要 转 钱。

A.dU., : ΛW., dU., NI. Λ=

Gōngzuò rényuán: Shūrù nín yào zhuǎnzhàng de jīn'é , àn lǜsè de quèrènjiàn
工作 人员 : 输入 您 要 转账 的 金额, 按 绿色 的 确认键

jiù kěyǐ le .
就 可以 了。

MI: YE., SU.,: NU., A., NU.. A., MY., FW., M., YI. NΛ. NI. ſU., K⅂.,=NI, ɔ∩;

M., NI. K⅂., ⊥: D.,_O..=

105

| | | |
|---|---|---|
| 1. chǔxùkǎ | 储蓄卡 | |
| 2. yínliánkǎ | 银联卡 | |
| 3. cúnzhé | 存折 | |
| 4. kāitōng | 开通 | |
| 5. cúnqián | 存钱 | |
| 6. diànxìn | 电信 | |
| 7. yídòng | 移动 | |
| 8. liántōng | 联通 | |
| 9. fāpiào | 发票 | |
| 10. shōujù | 收据 | |
| 11. fǎnhuí | 返回 | |
| 12. qǔxiāo | 取消 | |

## CíHuì Jí
# 词汇集 ᴮᴠ.,ᴎ⅂:ᴃᴝ.,

### Yínháng  Míngchēng
### 银行　　名称
ᴮᴠ.,ᴎ⅂:ᴃᴝ.,

Jiāotōng Yínháng
交通银行
CAO-⊥O.. YI: H:

Mínshēng Yínháng
民生银行
MI:-Sᴅ.. YI: H:

Yóuzhèng Chǔxù Yínháng
邮政储蓄银行
YO: -Fᴃ, -Iᴜ: -Xᴝ YI: H:KO-S YI: H:

Zhāoshāng Yínháng
招商银行
FAO-S YI: H:

Zhōngguó Gōngshāng Yínháng
中国工商银行
CO-KUᴅ: KO-S YI: H:

Zhōngguó Jiànshè Yínháng
中国建设银行
CY,-Sᴅ: YI: H:

Zhōngguó Nóngyè Yínháng
中国农业银行
NO:-Yᴠ: YI: H:

Zhōngguó Yínháng
中国银行
CO-KUᴅ: YI: H:

图书在版编目 (CIP) 数据

傈僳语对照版最简实用普通话100句 / 杨亦鸣，刘朋
建主编. -- 北京：社会科学文献出版社，2020.11
ISBN 978-7-5201-7371-1

Ⅰ.①傈… Ⅱ.①杨… ②刘… Ⅲ.①普通话－少数
民族教育－教材 Ⅳ.①H102

中国版本图书馆CIP数据核字（2020）第185580号

**傈僳语对照版最简实用普通话100句**

主 编 / 杨亦鸣 刘朋建

出 版 人 / 谢寿光
责任编辑 / 李建廷
文稿编辑 / 杨春花

出 版 / 社会科学文献出版社·人文分社（010）59367215
地址：北京市北三环中路甲29号院华龙大厦 邮编：100029
网址：www.ssap.com.cn
发 行 / 市场营销中心（010）59367081 59367083
印 装 / 三河市东方印刷有限公司

规 格 / 开 本：787mm×1092mm 1/16
印 张：7.75 字 数：117千字
版 次 / 2020年11月第1版 2020年11月第1次印刷
书 号 / ISBN 978-7-5201-7371-1
定 价 / 58.00元

本书如有印装质量问题，请与读者服务中心（010-59367028）联系